Ennow Strelow

Zicke Zacke Hühnerkacke ...

© Ennow Strelow, Oldenburg 2014
Herstellung und Verlag: BoD - Books on Demand, Norderstedt
Erste Auflage 2014

Fotografie: Ennow Strelow
Umschlag- und Figurengestaltung: Ennow Strelow
Layout: Ennow Strelow / Satz: Michael Schildmann/edition lichtblick

Die Deutsche Nationalbibliothek verzeichnet diese Publikation in der Deutschen Nationalbibliografie; detaillierte bibliografische Daten sind im Internet über dnb.d-nb.de abrufbar.

ISBN: 9783735722355   www.edition-lichtblick.de

Zicke Zacke
Hühnerkacke ...

Eine abenteuerliche Reise
auf den Spuren der legendären
urzeitlichen Seidenstraße
mit einem kopflosen Vasenvogel,
durchgeknallten Hühnern
und anderen schrägen Vögeln
auf der Suche nach Erleuchtung.

Karin war ein Vasenvogel! Genaugenommen sah sie aus wie eine Vase mit zwei kräftigen Entenfüßen. Diese knatschroten Laufwerkzeuge sollten noch eine entscheidende Rolle spielen.

Denn Karin konnte gehen wohin sie wollte. Heutzutage haben Vasen im allgemeinen keine Füße mehr. Und mit dem einzigen ihnen verbliebenen Vasenfuß neigen sie eher zum Umfallen, als das sie frohgelaunt durch die Weltgeschichte ziehen um haarsträubende Vasenabenteuer zu erleben. Die Vasen der Neuzeit stehen in der Regel nur stumm rum und widmen sich der sogenannten Bodenständigkeit in häuslichen Gefilden.

Aber fangen wir doch da an, als Karin seinerzeit das Licht der Welt erblickte ... Es begab sich vor langer, langer Zeit - man nannte es die Urzeit - als der Schöpfer aller Hühner und des sonstigen Federviehs der - Große Pooark - daran ging sein Meisterstück zu machen ...

Ach was hatte er nicht schon für tolle Hühner und andere schräge Vögel geschaffen. Sie flogen zur Freude ihres Herrn durch die Lüfte, hockten in den Bäumen, scharrten im Sand oder watschelten fröhlich schnatternd durch Wiesen und Felder. Einige waren auch leidenschaftliche Schwimmer und begnadete Taucher. Kein Federwesen glich dem anderen. Sie waren schneeweiß bis eiweiß, pechschwarz oder kohlrabenschwarz, steingrau und mausgrau. Aber die Bunten und Kunterbunten waren in der Mehrzahl. Unter ihnen waren phantastische Sänger, geschickte Nestbauer und ewig lärmende Nervensägen.

Der Große Pooark war mehr als zufrieden mit seinem Werk. Er liebte seine Geschöpfe, ob Nervensägen oder nicht, denn es waren seine Kinder. Jetzt aber war es wohl an der Zeit, die Krönung seiner Vogelschöpfung den "Vasenvogel" zu erschaffen! Es war wohl so gegen sechs Uhr in der Früh, die Sonne begann gerade ihre ersten Runden zu drehen, als der Große Pooark ihr ein froh gelauntes Moin

Moin altes Haus zurief und ein freundliches "Carpe Diem" hinterher-schickte. Dann spuckte er dreimal kräftig in die Hände, schöpfte be-dächtig den feuchten Lehm aus dem Eimer und ließ erwartungsvoll seine göttlichen Finger durch das glitschige Rohmaterial gleiten.

Wie gewohnt fing er ganz unten bei den Füßen an. Heureka! Was für Füße! Groß und breit, knatschrot und kräftig! Es waren die prachtvollsten Füße, die ihm je gelungen waren. Vor seinem geistigen Auge wuchs ein außergewöhnlicher Vasenvogel heran. Das Schöpf-fieber ereilte den Meister. Er formte dem Wesen einen knackigen, drallen Popo und einmal in Fahrt gekommen aus lauter Übermut, eine sogenannte euphorische Zugabe: Ein kleines dickes Bäuchlein, das es in sich hatte! So, als wäre es für dieses jungfräuliche Vogelwe-sen die normalste Sache der Welt schwanger geboren zu sein. Aber wie gesagt, der Meister war wie im Rausch und so vollendete er die bauchige Gestalt mit einem zierliche Rücken und einem anmutig schlanken Hals. Nur der Kopf fehlte noch ......

Doch der Große Pooark lehnte sich genüsslich in seinen al-ten Schöpfersessel zurück, betrachtete schmunzelnd sein Tage-werk, bekam leuchtende Augen und alle urzeitlichen Glücksgefüh-le durchrauschten sein riesiges dreifaches Schöpferhirn. Der Große Pooark war gut zufrieden mit seinem Tun und als die neue Erdenbür-gerin sich über ihre "dicke Wampe" beschwerte, versprach er ihr zum Ausgleich einen lupenreinen Charakter und zeitlebens eine tadellose Darmflora.

Ja in diesen Tagen machten die Götter noch ihr Wort selbst und hielten sich daran. Das nannte man das große Götterehrenwort.
Auch in Urzeiten konnten Glückshormone zuweilen nachhaltige Spuren hinterlassen. Das natürliche Schlafbedürfnis stellte sich ein. Man hielt ein Nickerchen ...

Es kam wie es kommen musste! Der Große Pooark, erschöpft vom vielen Schöpfen, ließ die Schlummergeister in sich eindringen

Karin Vase

und schlief ein.

Vor ihm stand der kopflose Vasenvogel und harrte geduldig der Dinge die da noch kommen sollten. Aber es passierte nichts! Außer das die morgendliche Stille von sonderbaren Schnarchgeräuschen unterbrochen wurde und irgendwo die Glocken läuteten. Sonst war es still. Totenstill!

Dem ratlosen Vasenvogel wurde es langweilig und bannig kalt zugleich. Jetzt, da des Meisters Hände ruhten, sackte die Körpertemperatur des unvollendeten Meisterstücks merklich in den Fröstelzonenbereich ab. Da half nur eines: Bewegung! Gott sei Dank waren die Füße schon dran. Also los! Aber das war nicht so einfach und beinahe wäre der Vasenvogel bei seinen ersten Gehversuchen auf den Bauch gefallen. Es wurde mühsam im Kreis herumgewatschelt, doch es dauerte nicht lange bis aus den ersten torkeligen Babyschritten eine ziemlich stramme Gangart wurde. Der Vasenvogel machte sich auf den Weg nach Irgendwo im Nirgendwo, wo immer das auch war ...

Mit jedem Schritt mehr, wurde das Frösteln weniger. Und obwohl sie im wahrsten Sinne des Wortes kopflos dahinmaschierte, war sie hellwach und voller Tatendurst. Durch ihr goldenes Herz und ihren lupenreinen Charakter begünstigt, konnte sie auch ohne Kopf gut sehen.

Nachdem die Vase einige Tage gewandert war, kam sie zu einem Teich, der sie zu einem Schluck feinsten Teichquellwassers einlud. Dankend willigte der durstige Wandervogel ein, kniete nieder und labte sich am köstlichen Nass ...

Doch was war das? Unverhofft sah sie vor sich eine kopflose gefiederte Gestalt im Wasser knien. Der Vasenvogel war völlig verdattert über soviel Grazie und Schönheit und rief staunend aus: "Bist du aber schöööön!" Da antwortete ihr eine unsichtbare Stimme: " Ich bin Ich und Du bist Du - Du bist Ich und Ich bin Du!"

Es war das Vasenvogelspiegelbild, das diese weisen Worte gesprochen hatte. Und es fügte sprachbegabt wie Spiegelbilder nun mal sind, einige einfache, aber wirkungsvolle italienische Redewendungen hinzu und erhöhte die Schönheitsskala durch Lobpreisungen wie: "Molto bene ... Bella Figura ... Bella Donna ..." und wünschte zum Abschied noch ein gut gemeintes "Bella Forza", was nichts anderes bedeutete als "Komm gut voran!" Der Vasenvogel betrachtete noch einmal sein Spiegelbild von allen Seiten, war mehr als zufrieden und sagte zu sich: "Wozu brauche ich einen Kopf?" Denn auf dem langen Wanderweg waren ihm so manche schräge Vögel begegnet, die zwar einen begnadeten Körper hatten, aber obendrauf thronte ein Kopf mit einem äußerst dümmlichen Gesichtsausdruck.

Genug gesehen, genug gestaunt! Unserem Vasenvogel fröstelte. Jetzt war wieder Bewegung angesagt. Schnell noch ein Dankeschön an den freundlichen Teich für das köstliche Nass und das Spiegelbild wurde mit dem einleuchtenden Argument: "Ich bin Du" überredet einfach mitzukommen.

Aus fußtechnischen Gründen und weil sie zufällig ganz in der Nähe lag wählten sie klugerweise die Seidenstraße. Auf dem seidenweichen Wanderweg kamen die Zwei gut voran. Die Füße blieben blasenfrei und das Frösteln war wie weggeblasen. Ja, es bereitete dem Vasenvogel viel Freude die große weite Welt zu entdecken. Er hatte angenehme Gesellschaft, die seine Schönheit pries und so gut wie niemals widersprach. Was wollte unser Glückspilz noch mehr?

Plötzlich hielten sie inne ... War da nicht was? Ja, wahrhaftig! Da rief eine Stimme: "Hallöchen! Du da, komm doch mal her! Ich beiße nicht!" Dabei schüttete sich die Unsichtbare vor Lachen, wieherte wie ein altes Fjordpferd und gluckste vor Vergnügen. Die Stimme aus dem Nichts gehörte Astrid Kinderlieb. Sie war ein dickes, altes Huhn, das zwar nie in ihrem langen Hühnerleben ernsthaft krank gewesen war - das lag wohl an ihrem gesunden Humor - aber schon seit Kindesbeinen neigte sie zur berüchtigten Adipositas - einer angeborenen Fettleibigkeit. Lachen hielt zwar fit, aber leider nahm man davon nicht ab!

Als Nordländerin war sie seit Hühnergedenken gezwungen, jedes Jahr im Herbst dem harten Winter zu entfliehen und in den Süden der Sonne entgegen zu fliegen. Ihre Heimat war das Land der 999 Seen, der stolzen Elche, der mutigen Bären und der nervigen Knutschtrolle. Aber seit 333 Monaten war sie nicht mehr zu hause gewesen.

Unglücklicherweise hatte sie auf ihrer letzten Heimreise in Persien eine kleine Ruhepause eingelegt und sich ein kleines Nickerchen gegönnt. Als sie wieder aufwachte waren dummerweise alle anderen Hühnervögel längst weitergezogen. Astrid war im Laufe der Jahre so dick geworden das ihr das Fliegen immer schwerer fiel. Astrid war fluguntauglich geworden. So blieb sie wo sie war und ernannte Persien zu ihrem persönlichen Traumland. Denn Persien war die Heimat der größten Märchenerzähler, der geistreichsten Dichter und der klügsten Philosophen. Ein Paradies für geistig reges Federvieh. Astrid Kinderlieb war nämlich das bekannteste nordische Märchenhuhn ihrer Zeit. Daheim im Nordland spielten die Märchen meistens im tiefen Winter. Wölfe, Füchse und Marder waren oft die Bösen. Elche, Bären und Biber eher die Guten. Die geheimnisvollen Nebelelfen, Knutschtrolle und Goldkobolde hausten in den Mooren, Sümpfen und verlassenen Maulwurfshügeln, gut beschützt von Eis und Schnee.

Wann immer Astrid Kinderlieb ihren alten Märchenwebstuhl aufklappte um all diese Nordwesen zu einem einzigartigen Märchenteppich zu verknüpfen, war der Abend gerettet! Auch wenn sie schon sehr, sehr alt war, was sie einmal gesponnen, pardon gewebt hatte, das vergaß sie nicht mehr. Das saß für immer! Während der letzten 333 Monate waren ihr so viele persische Märchen zu Ohren gekom-

Astrid Kinderlieb

men, inclusive 1001 Nacht, das es ihr nicht mehr schwer fiel, nordische und persische Märchen mühelos miteinander zu verknüpfen. Ihre Verdienste um das persische Kulturgut hatten Astrid Kinderlieb die persische Ehrenbürgerschaft beschert. Sie wohnte mietfrei in einem goldenen Käfig, der nach allen seiten offen war und nippte jeden Freitagabend mit den königlichen Vorfahren von Xerxes und Darius reichlich Eselsmilch aus goldenen Schlürfnäpfen. Was wollte sie noch mehr?

So wie die Vogelwesen, so liebte auch der Große Pooark Märchen über alles. Er konnte einfach nicht genug davon bekommen. Wann immer er ein wenig Freizeit fand, legte er sich genüsslich auf sein altes Chaiselongue, packte sich ein dickes Daunenkissen unter sein müdes Schöpferhaupt, wünschte der Sonne eine gute Nacht und begrüßte den noch etwas verschlafenen Mond.

Dann schloss er die Augen, spitzte die göttlichen Ohren und lauschte in Richtung der alten Seidenstraße nach Persien, da wo die guten Märchen herkamen. War das auch der wahre Grund, warum Astrid Kinderlieb solch ein biblisches Alter erreicht hatte? Vielleicht war der Große Pooark auch für ihre Fluguntauglichkeit verantwortlich. Waren doch im hohen Norden die Winde so rauh und tosend, dass ein Zuhören beschwerlich, ja oft unmöglich war! Dagegen waren Persiens Winde eher sanfterer Natur und neigten mehr zur Stille. Ja, der Große Pooark hielt wohlwollend seine schützenden Hände über Astrid Kinderlieb. Und solange sie keine Lesungen oder Autogrammstunden in den entlegenen Provinzen Persiens geben musste, war für sie die Welt in Ordnung.

Und so war es auch heute! Vergnügt gab Astrid Kinderlieb sich unseren Wandervögeln zu erkennen und lud sie mit ihrem strahlendsten Lächeln zu sich unter ihren riesengroßen Sonnenschirm ein. "Möchtet ihr das Märchen vom kleinen Berti hören?" Und ob die Beiden das Märchen vom kleinen Berti hören wollten!

14

Astrid Kinderlieb räusperte sich kurz und begann: "Es war einmal, vor langer, langer Zeit, ein rauhes karges Land hoch droben im Norden. In einer kleinen Stadt, die so bitterarm war, das sie noch nicht einmal einen Namen hatte, wohnte ein kleiner Junge: "Unser Berti ..."

Astrid Kinderlieb machte eine kleine Pause, blickte ihre Zuhörer schmunzelnd an und fragte: "Wollen wir der armen Stadt einen Namen schenken?"

"Au, ja! Sssweden !" platzte es aus dem aufgeregten Vasenvogel heraus. Das Spiegelbild schob ein Huppsala hinterher und kicherte albern in die Runde. Das Märchenhuhn lachte schallend, lobte Sssweden in den höchsten Tönen, gab Huppsala aber doch den Vorzug, weil es irgendwie viel lustiger klang!

Das literarische Terzett einigte sich kichernd auf Huppsala! "In einer kleinen bitterarmen Stadt ... Huppsala riefen die Drei begeistert ... lebte einst Berti, ein kleiner Junge, der für sein Leben gern Fußball spielte. Zwar konnte Berti noch keine Körner zählen, aber er streichelte, liebkoste und drosch so begeistert wie kein Zweiter auf das runde Leder ein. Kein Zweifel! Berti war ballverliebt. Das kam auch dem Storch Herrn Sörensen zu Ohren. Herr Sörensen ein gerissener, skrupelloser Spielervermittler, hatte ein großes Herz für blutjunge Fußballer und einen noch mieseren Charakter. Er schaute Berti beim Training zu und versprach dem gutgläubigen Knaben, aus ihm einen erstklassigen Verteidiger zu machen! Ja, er verhieß Berti sogar eine glänzende Karriere in der Nationalmannschaft und goldene Körner ohne Ende!

Herr Sörensen hielt dem völlig verdutzten Berti einen Vertrag unter den Schnabel und lud den frischgebackenen Jungstar zum Duschen ein. Kaum waren sie textilfrei machte der linke Storch ihm ein eindeutiges Angebot ...

Berti bedankte sich mit einem hastigen Knicks, bekam einen

Der kleine Berti

Knacks und rannte lauthals schreiend aus der Duschbaracke schnurstracks nach Hause. Seit diesem Tage war unser Berti nicht mehr der Alte. Berti war verstört! Er mochte keine Flanken mehr schlagen, nicht mehr dribbeln, nicht mehr grätschen und überhaupt: Er ließ die heißgeliebte Pille links liegen und hängte die gerade begonnene Karriere an den nächstbesten Nagel. Es wurde ruhig um Berti! Er wurde ein mittelmäßiger Schüler mit einer stabilen 5 in den Fächern Schwimmen und Tauchen. Berti wurde zum Einzelgänger! Zum Sonderling! Denn wer spielt schon gerne Blindekuh mit einem der nicht durchblickt?

Auch Berti`s Eltern blickten nicht mehr durch und hofften hilflos auf bessere Zeiten. Eines schönen Frühlingsmorgens war es soweit: Die Pubertät war da! Bertis Hühnerhormone purzelten heillos durcheinander. Und auch der Knacks war wieder da! Sörensen war noch nicht verdaut!

Um so mehr fand er diebischen Gefallen daran, sich in schamverletzender Weise zur Schau zu stellen. Schnell hatte Berti spitzbekommen, das sein Tun und Treiben nicht gern gesehen wurde. So war er notgedrungen ständig auf der Flucht und verlagerte seine exhibitionistischen Ausflüge notgedrungen in die tiefen dunklen Wälder in und um Huppsala.

Berti erlernte die geheime Sprache der Stein- und Fliegenpilze und nannte sich fort an neurotischerweise "Dödel Berti". Berti lud zwar niemanden zum Duschen ein, nein, Berti versteckte sich im Unterholz und harrte der Dinge. Gut getarnt wartete er fiebrig auf die jungen Hühnermädels, die sich anschickten Pilze und Beeren zu sammeln. Dann bediente er sich der Sprache der Pilze und Beeren, flüsterte aus dem Verborgenen zu den pflückenden Maiden und säuselte: "Bück Dich! Bitte, bitte bück Dich! Bitte, bitte pflück mich, ich mach Dich dann auch glücklich! Wenn das man nicht gelogen war!

Sobald die jungen Hühnchen sich nämlich neugierig bückten,

sprang Berti aus seinem Versteck und krähte: Guck mal!!! Dabei präsentierte er den völlig verdatterten Hühnermädels seinen steifen Hähnchenpimmel! Die Mädels kippten ohnmächtig hintenüber, konnten sich hinterher an nichts mehr erinnern und faselten wirres Zeug von einem Waldgeist, der einen riesigen feuerroten Speer in der Hand hielt und ihnen an die Federn wollte. Das befriedigte Dödel Berti bis in die letzte Flügelspitze und erleichtert - ja fast selig - verschwand er im schützenden Dickicht.

Eine Zeitlang ging das auch gut. Doch eines schönen Tages trieb es Berti wieder in den Wald. Äußerst erregt wartete er hinter seinem Lieblingsbrombeerbusch auf die pilzsüchtigen Hühnermädels. Da passierte es ...

Prinzessin Farah Karin aus Persien ritt auf ihrem Lieblingskamel Frau Lehmkühler durch Dödel Bertis's Wald. Sie war auf der Durchreise nach Gänsekieli, wo sie nordische Nestbauarchitektur unter erschwerten klimatischen Bedingungen studieren wollte. Plötzlich hörte sie einen gellenden Schrei, gefolgt von einem dumpfen Knall. Farah Karin ahnte Böses. Sie gab Frau Lehmkühler die Sporen. Sie kamen keine Sekunde zu spät. Den königlichen Augen bot sich ein groteskes Bild ...

Auf einer sonnendurchfluteten Lichtung lag ein besinnungsloses Huhn im Gras und streckte die steifen Beine gen Himmel. Aber das war noch nicht alles ... Über dem ohnmächtigen Hühnchen sprang wie irre, einem Derwisch gleich, ein blutjunger Hahn, der schamlos seinen steifen Hühnerpimmel herzeigte. Dabei jubilierte er frohlockend: "Ach wie schön das niemand weiß, das ich "Dödel Berti" heiß." Selbst Frau Lehmkühler wandte sich angewidert ab! Das reichte ... Mit einem Satz sprang Prinzessin Farah Karin aus den Höckern, verabreichte dem Schamlosen eine saftige Tracht Prügel. Sie packte das verstörte Hühnchen zwischen Frau Lehmkühlers Höcker, schnürte aus dem um Gnade flehenden Berti ein hilfloses Bündel auf zwei schlotternden Hühnerbeinen und brachte Täter und Opfer zurück nach Huppsala. Berti musste laufen!

In Huppsala stellte man den unmoralischen Junghahn an den Pranger der fehlgeleiteten Sexualentwicklung und zeigte angewidert mit den Flügeln auf ihn. Als verschärfende erzieherische Maßnahme bekam der gefiederte Missetäter noch obendrein 333 Sozialstunden im Altersheim für schwule Störche aufgebrummt. Danach war "Dödel Berti" endgültig von seinem "Knacks" der Duschpsychose befreit.

Berti war wieder ganz der Alte! Er schnürte wie einst seine Fußballstiefel und wurde der knallhärteste linke Verteidiger von ganz Nordland. Später als abgedankter Kapitän der Nationalmannschaft, wirkte er erfolgreich als Nationaltrainer von Papua - Neuguinea .... Und wenn er nicht gestorben ist, jagt er noch heute dem runden Leder nach ...

Beim Große Pooark, entfuhr es dem Vasenvogel. Was für ein Schicksal! Jaaa, Astrid Kinderlieb's Märchen waren allesamt auch pädagogisch stimmig und luden zu Mitleid und Verständnis für Randgruppen und Andersartige ein. Das Vasenwesen seufzte tief bewegt in sich hinein ... So mutig wie Prinzessin Farah Karin wollte sie auch werden! Astrid Kinderlieb konnte tief in reine Herzen schauen ....

Mein liebes Kind, sprach sie: "Du bist schon jetzt ein mutiger kleiner Vogel! Ab heute heißt du Karin!" Karin war überglücklich, nur das Spiegelbild maulte: Und ich? Selbstverständlich bekommst auch du einen Namen! Versprochen? Versprochen! Wie wäre es denn mit ... Alibert? Whoow, das war's! Sie kicherten noch einmal um die Wette und waren wirklich in einem Tag die dicksten Freunde geworden. Beim Abschied flossen einige kleinere Tränen, sie herzten und drückten sich, gelobten immer an sich zu denken und immer fleißig Ansichtskarten zu schreiben.

Seit dem Abschied von ihrer neuen Freundin Astrid Kinderlieb waren die frischgetaufte Karin und ihr unsichtbarer Kumpel Alibert schon 12 Monate auf den Beinen. Sie verstanden sich prächtig, stritten so gut wie nie miteinander und kannten keine Langeweile. Im Gegenteil! Seit das alte Märchenhuhn ihnen das Lachen beigebracht hatte, machten die Freunde immer häufiger Gebrauch von dieser angenehmen Sitte. Es half einfach gegen alles: Gegen müde Füße, schwermütige Gedanken und gegen die gefürchteten Blähungen. Diese hinterlistigen Zeitgenossen ereilten früher oder später jedes Vogelwesen. Ob zu Wasser, zu Lande, zur Luft, selbst bei tadelloser Darmflora: Wie aus heiterem Himmel tauchten diese kleinen und großen Quälgeister urplötzlich aus dem Nichts auf und verbreiteten Bauchzwicken, Unbehagen und schlechte Düfte. Hatten sich diese Knechte des Grossen Pups - dem Gott der üblen Winde - erst einmal im weit verzweigten Darmlabyrinth eingenistet, konnten sie mitunter sehr lästig werden. Da halfen nur derbe nordische oder sehr derbe russische Witze. Wie zum Beispiel: "Kommt ein Huhn zum Arzt ..."

Lachkrämpfe gepaart mit einigen hundert Kniebeugen und die verdutzten Darmwinde hatten die Rechnung ohne den Hausherrn gemacht. Denn gegen das hundertfache ruckartige Auf und Ab aus den Kniekehlen heraus, gepaart mit überfallartigen Lachsalven, war schon zu Urzeiten kein Kraut gewachsen.

Verschlafen leise oder boshaft grollend entwichen die verstörten Quälgeister in ohnmächtiger Wut durch die Bürzelrosette und wurden schlagartig zu zahnlosen Papiertigern, die fade oder übel riechend vor sich hinstanken. Waren die Darmwinde endlich allesamt vertrieben, hatte sich der so Befreite sofort aus dem Staub zu machen. Er durfte sich aber auf keinen Fall noch einmal umdrehen und zurückschauen. Man erstarrte zwar nicht gleich zur Salzsäule, aber es geschah allzu häufig, dass die eben Entwichenen stärker denn je zurückkehrten, rotzfrech den Weg des geringsten Widerstandes suchten, um sich abermals im wohlig warmen Darm einzunisten.

Aber wie gesagt: Augen zu, stur geradeaus gehen und dem Großen Pooark vertrauen, dass keine Bäume oder andere Hindernisse im Wege standen ...

Nach etwa drei Kilometern war die Macht der Darmwinde endgültig erschlafft.

Karin und Alibert gibbelten immer noch über die überlisteten "Pupsknechte", da bekamen die beiden Wandervögel den wohl ersten richtigen "Anschiss" ihres noch jungen Lebens ...

"Kannst du nicht aufpassen?" Beinah hättest du voll in mich reingetreten, maulte eine unwirsch krächzende Stimme. Es war ein Exkrement, ein Braunhaufen, offiziell der Kot genannt. Der Kot, dreist wie er nun mal war, lag bräsig mitten auf der Straße rum. Dieser dreiste Stinkebruder hatte sich gerade eben, vor fünf Minuten, Tausende und Abertausende von dicken, fetten Schmeißfliegen zum Brunch eingeladen und fühlte sich gestört. Das stank ihm mächtig! Das braune Haufenwesen war in der Tat alles andere als sympathisch! Im Gegenteil! Missmutig und übellaunig fand es sich selbst und den Rest der Welt ziemlich beschissen, wie es sich roh und unelegant auszudrücken pflegte. Dampfend und schwitzend war der Kot eine einzige Beleidigung für alle feinen Nasen.

Das Beste war sie suchten schnellstens die nächste Frischluftzone auf. Und ja nicht umschauen! Man konnte ja nicht wissen, wie flink der Stinkebruder auf den Beinen war.Karin entschuldigte sich höflich für ihre Unachtsamkeit, wünschte dem Kot noch einen schönen Tag, schaute stur geradeaus, kniff den Bürzel zusammen, setzte hurtig einen Fuß vor den anderen und suchte schleunigst das Weite. Puuuhhh! Hatte das gestunken! Wie benebelt legte Karin noch fußtechnisch eine Schüppe drauf und atmete erleichtert auf, als ihr der köstliche Geruch von frischen Datteln entgegenströmte. Wo die Dattel wohnte, gab es auch frisches Wasser. Wahrhaftig, eine Oase! Zugegeben, sie war klein, aber sie hatte alles was zu einer Oase dazugehörte ... Es war die Oase "Zur absoluten Stille". Kein Dromedar blökte, kein Kamel schrie, es herrschte nur diese vollkommene Stille. Ja, selbst der Wind schien diesen Ort zu meiden. Kein Laut war zu hören. Und doch war dieses zauberhafte Fleckchen Erde nicht unbewohnt ...

In einer bescheidenen Lehmhütte, einem sogenannten Bungalow, wohnte unter einem eingefallenen Palmwedeldach, Guru Niewahrnarr. Ein kleiner, dicker, weißer Hahn, der aus seiner Vorliebe zum glänzenden Gold keinen Hehl zu machen schien. Stumm aber freundlich begrüßte er die Freunde, bot ihnen frisches Wasser an und kredenzte köstlich duftende Datteln und Feigen, bis sie sie nicht mehr sehen konnten. Dann erst gab er sich zu erkennen, und sprach die Worte: "Gelobt sei Meister DotterDotter! Ooohhhmmm ..." Und dann erzählte der Guru den mit Feigen und Datteln gemästeten Gästen seine ganze unglaubliche Lebensgeschichte ...

Guru Niewahrnarr war Frührentner, hatte eigentlich nie so richtig gearbeitet, denn er war einer der wenigen Hähne, die keinen Bock hatten, pausenlos Hennen zu besteigen. Und somit hatte er den eigentlichen Zweck seines Daseins als Hahn nicht begriffen und in der heimischen Pick- und Hackordnung nichts zu suchen. Er war ein "Überflüssiger" ...

Gedemütigt beschloss Adolf Pickenäcker, so hieß er damals noch, dem Gespött der gefiederten Kollegen aus dem Wege zu gehen und entfloh am hellichten Tage. Er kehrte seiner Westerwälder Heimat konsequent den Rücken, suchte verbissen nach den Monsunwinden, fand sie auch und breitete seine Flügel aus. Da die Monsunwinde im allgemeinen recht freundlich waren, nahmen sie Adolf mit in das Land der heiligen Kühe, Korbschlangen und Nagelfußmatten. Adolf Pickenäcker war in Indien gelandet. Für Adolf war Indien das aufregendste Land , das er je in seinem Hühnerleben gesehen hatte ...

Die Sandbäder waren schon warm bevor man sich hinein-

Meister Dotter Dotter

setzte, die Körner fielen fast wie vom Himmel und das Regenwasser war auch viel nasser. Abgesehen von den komischen Fußmatten hatte Adolf an Indien nichts auszusetzen. Ja, selbst mit einigen Korbschlangen hatte er sich schon angefreundet. Aber das beeindruckendste an Indien waren die heiligen Kühe und die weißen weisen Hühnergurus. Während die Kühe nicht allzuviel drauf hatten, außer ihrer zu Schau getragenen Demut, hatten die Hühnergurus es faustdick hinter den Ohren! So wollte Adolf auch sein! Er besuchte den weisesten der Weisen, den weisen Guru Dotter Dotter und wurde Dotter Dotters ergebener Diener.

Der Meister war meistens sprachlos und wenn er mal den Schnabel öffnete, entfuhr ihm immer nur ein einziges Wort: Ein langgezogenes Ooohhhmmm. Das konnte dann Stunden dauern, klang aber nicht unangenehm! Nach diesem von Meister Dotter Dotter höchstpersönlich erfundenen Meditationssingsang musste Adolf des Meisters schwielige Hühnerfüße baden, seinen üppigen rubinverzierten Turban wickeln und ihm eine Hanftüte basteln. Dotter Dotter verschwand dann regelmäßig in einer riesigen Hanfwolke, hob kurzfristig vom Boden ab, seufzte im Schutze des Rauches ein dreifaches ... " Zicke Zacke Hühnerkacke". Dann fügte er noch ein müdes Kikeriki hinzu. Danach war er zu nichts mehr zu gebrauchen!

Dotter Dotter lag flach und stellte die Atmung ein. Komischerweise war Meister Dotter Dotter am nächsten Morgen wie neu geboren. Total frisch und offensichtlich jünger denn je. Adolf war fasziniert! Er übte sich im Ooohhhmmm Murmeln, gab sich demütig dem Hanfrauchen hin, kippte hintenüber, streckte seine gelben Hühnerbeine in den sternklaren Himmel und bekam prompt Albträume. Am nächsten Morgen ging es Adolf dreckig!

Hatte er etwas falsch gemacht? Genau! Er hatte das "Zicke Zacke Hühnerkacke" vergessen! Der Meister dem nichts entgangen war, schmunzelte weise und schenkte dem kränkelnden Adolf ein tröstendes, besonders langgezogenes Ooohhhmmmmm!

Nach 16 Jahren treuer Dienste brach Meister Dotter Dotter sein Schweigen, nahm sich den verdutzten Adolf zur Brust, drückte ihn innig an sich und sprach: "Adolf mein Bester: Das Ooohhhmmm beherrscht du wie kein Zweiter, du bist des Rauchens kundig und dein Kreislauf ist stabil! Kehre zurück in deinen Westerwald, ich sterbe bald!" Kaum hatte Meister Dotter Dotter dies gesprochen, kippte er hintenüber, japste nach Luft und bat Adolf ihm ein letztes Mal sein Ohr zu leihen. Mit sanfter Stimme flüsterte er: "Ab heute heißt du Guru Niewahrnarr! Verbreite meine Lehre unter den Deinen und bestatte mich nach alter Hühnerhaidakansitte!" Dann zuckte er zum letzten mal mit den Flügeln, murmelte Zicke Zacke, richtete seine schwieligen Hühnerfüße gen Hühnerhaidakan, stöhnte beschwörend Aaadooolf und der große Geist entwich seinem kahlrasierten Bürzel ...

Tief betroffen und wie in Trance schichtete Niewahrnarr mehrere Lagen Trockenholz übereinander, legte den toten Meister obenauf und bediente sich eines Zündholzes und in Nullkommanichts brannte Meister Dotter Dotter wie Zunder ... Weißer Rauch stieg auf und am tiefblauen Himmel Indiens stand in feinsten Rauchwölkchen geschrieben: "Meister kommen - Meister gehen, doch der Hanf, der bleibt ewig bestehen ..." Das war das Signal zum Aufbruch!

Ohne einen letzten Blick auf die rußgeschwärzten Überbleibsel seines Erleuchters zu werfen, packte Niewahrnarr seine sieben Sachen, nebst den ihm verbliebenen Hanfvorräten, rief die geheime Nummer für hilfsbereite Monsunwinde an und schaffte es tatsächlich ohne einmal umzusteigen bis in den heimatlichen Westerwald. Um dort im Sinne von Meister Dotter Dotter zu wirken!

Niewahrnarr wunderte sich! Es war immer noch alles beim Alten: Kühl und feucht wie eh und je! Auch kulturell war der Westerwald wie vor 16 Jahren eine Einöde sondergleichen, ohne jegliche

25

Guru Niewahrnarr

spirituelle Ausstrahlung ...

Das sollte sich jetzt aber schleunigst ändern! Dafür war er ja zurückgekommen! Dem ersten alten Bekannten, dem Niewahrnarr über den Weg lief, fielen fast die Augen aus dem Kopf! "Adolf, altes Schwanzgesicht, wo hasse gesteckt? Warse im Süden? Sonne tanken, oder was? Schön braun bisse! Richtig Farbe im Gesicht! "Ich bin nicht mehr euer Adolf, ich heiße jetzt Niewahrnarr", antwortete er dem Phrasendrescher ... "Mensch Adolf, mach keinen Scheiß! Bisse krank?" "Nein, ich bin ein Guru, ein erleuchteter Hahn geworden und bringe euch Ungläubigen die Weisheit und den Hanf.

Der Kollege von früher hielt Adolf für ziemlich durchgeknallt, aber Niewahrnarr's Hanfbeutel machte doch gehörig Eindruck auf ihn. Von wegen Beutel! Sein Hanfbeutel war fast so dick wie ein gut gefülltes Daunenkissen und schleifte etwas über den Boden. "Was hasse da?", fragte der Unwissende und drückte seine Flügelspitze in den Beutel. "Das ist die Pflanze der Erleuchtung", antwortete Nie-wahrnarr mit leuchtenden Augen und ließ den Erwartungsvollen am Hanf schnuppern. "Voll fett", murmelte der Schnuppernde, während er mit seinem Schnabel samt Kopf in Niewahrnarr's Beutel ver-schwand. Kaum hatte er das Tageslicht wieder erblickt, fing er an zu sabbeln: "Mach fertig Alter! Ich hol die Kumpels ....

Niewahrnarr nickte zufrieden und ließ sich nicht lumpen. Wäh-rend er in aller Seelenruhe eine dicke sechzehnblättrige Riesentüte baute, nicht mit Hanf sparte und leise, aber eindringlich ein Ooohh-hmmm nach dem anderen von sich gab, trommelte der hanfgierige Westerwaldhahn das halbe Dorf zusammen. Die männlichen Hüh-ner versammelten sich, bildeten einen Westerwälder Rauchkreis und gierten in die Runde. Unglücklicherweise waren die Westerwälder Hühnerlümmel sonnengereiften starken Tabak nicht gewohnt! Und indischen Hanf schon gar nicht!

Trotzdem saugten und zogen die Gierhälse hemmungslos an

der Tüte, inhalierten volle Kanne, kippten hintenüber, verloren die Bodenhaftung und stellten kurzfristig die Atmung ein ...

Der Zauber schien zu wirken! 36 Hühnerbeine reckten sich starr und stumm in den rabenschwarzen Westerwälder Nachthimmel. Der glühende Schein der heißgezogenen Riesentüte warf bizarre Schatten auf den feuchten Lehmboden und schuf das einzigartige Szenario einer fehlgeleiteten Erleuchtung. Niewahrnarr aber, hatte sein Deja-vu Erlebnis im Westerwald gefunden.

Schwermütig rauchte er die ganze Nacht hindurch, ooohhhmmmte sich in Trance, begrüßte die ersten wabbeligen Nebelschwaden und sehnte sich insgeheim nach Indien und den vorgewärmten Sandbädern zurück ...

Es war Punkt Sechs! Die bedröhnten Hinterwäldler erwachten aus ihrem Koma. Sie hatten einen kollektiven Kater und entsetzliche Kopfschmerzen. Der Sündenbock war schnell ausgemacht: Adolf allein war Schuld an ihren dröhnenden Hühnerschädeln! Sein Hanf war ein teuflisches Kraut! Dafür sollte er büßen! Sie machten nicht viel Federlesens, hauten Adolf die Hucke voll und jagten ihn arg gerupft aus dem Dorf. Schade nur, das diese Holzköpfe nichts kapiert hatten.

Niewahrnarr atmete dreimal tief durch, murmelte Zicke Zacke, ersparte sich den Rest, ließ ein Enspannungsooohhhmmm durch seinen Schnabel gleiten und schloss das Westerwälder Abenteuer mit einem verzeihenden, sanften Kikeriki ab. Schließlich war das Ziel der Weg! Oder war es umgekehrt? Dann nahm er den erstbesten Monsunwind, musste dreimal umsteigen und landete müde und völlig entkräftet in der Oase "Zur absoluten Stille" irgendwo am Hindukusch.

Wieder zu Kräften gekommen baute er sich einen bescheidenen Bungalow, pflanzte frischen Hanf an und scharrte sich warme Sandbadwechselbäder. Sieben an der Zahl! "Whoow" entfuhr es Karin und Alibert setzte ein: "Total abgefahren" obendrauf. Das war die abenteuerlichste Geschichte, die unseren Freunden je zu Ohren gekommen war. Sie schoben noch ein Hammerhart und Bravo Meister hinterher, bedankten sich für die großzügige Gastfreundschaft und die dreiblättrige Hanftüte, die Guru Niewahrnarr seinen Gästen angeboten hatte. Aber weder Karin noch Alibert hatten mit Hanf was am Hut. Dankend lehnten sie die Pflanze der Erleuchtung ab, verwiesen auf das Jugendschutzgesetz und die Angst vor Kopfschmerzen, Energieverlust, wirren Gedanken und den gefürchteten Albträumen. Vielleicht das nächste Mal ...

Niewahrnarr stellte noch ein Reisenotfallpäckchen, gefüllt mit pflückfrischen Feigen und Datteln zusammen. Füllte zwei Wasserschläuche mit stillem Oasenfelsquellwasser und nahm ihnen das Versprechen ab , nur die Wahrheit und nichts als die Wahrheit über das Wirken von Guru Niewahrnarr und Meister Dotter Dotter zu verbreiten ... Ohm ... Oohmm ... Ooohhhmmm ......

Viele Monate war es schon her, das Karin und Alibert ihrer Freundin Astrid Kinderlieb Lebewohl gesagt hatten. Heute Nacht war wieder ein wundervoller sternklarer Himmel und das alte Märchenhuhn dachte wehmütig an ihre jungen Freunde. Ob es ihnen wohl gut ginge? Es ging ihnen gut! Gerade in diesem Moment überquerten sie erwartungsvoll den restlichen Hindukusch.

Ohne lästige Ausweiskontrollen erreichten sie das Land der 1000 verhüllten Berge. Es war das "Dach der Welt" ... Vor ihnen lag der Himalaja: Beeindruckend und furchterregend zugleich! Heimat der rauhesten Winde und des ewigen Schnees. Aber es waren nicht die steilen, eisigen Berge, die dem Wanderer Furcht einflößten, sondern das was dahinterlag. Sollte hinter diesen gewaltigen Massiven das geheimnisvolle Nirwana liegen?

Wir werden sehen, kicherte Alibert, denn er hatte sein Nirwana längst gefunden. In Karin! Und kein anderes Nirwana konnte schöner sein als seine Karin. Außerdem hatte noch kein Federwesen dieses Nirwana je im Leben gesehen. Für Alibert war es sonnenklar: Dieses Nirwana war so etwas wie "Goldene Eier" legen.

Jedes Huhn träumte davon, aber es gab keine 333 karätigen Eier. Nicht eines! Es gab sie in weiß, braun oder rosa. Einige hatten auch Punkte, waren gesprenkelt, schimmerten blaugelb oder grün-blau. Das waren die getarnten Eier! Doch am allerschönsten waren immer noch die Ostereier in ihren leuchtend bunten Farben. Aber "Goldene Eier" gab es nicht! Pappelapapp! Dummes Zeug! Basta!

So hoch unsere beiden Bergsteiger auch kraxelten, sie stolperten immer wieder auf einen noch höheren Berg zu.

Unbemerkt war ihnen ein übler, zotteliger Geselle nachgeschlichen, der nichts Gutes im Schilde führte! Obwohl kein waschechter Himalayaner, kannte er hier fast jeden Stein persönlich. Was nicht heißen sollte, das die Steine ihm wohlgesonnen waren. Ganz im Gegenteil! Sie schätzten den Zotteligen nicht die Bohne. Sie schnitten ihn so oft sie konnten und sprachen kein Wort mit ihm. Aber dieses Zottelwesen hatte ein dickes Fell und noch dickere Fußsohlen. Es war der wüste Gorby. Ein furchterregendes einäugiges Monster ohne jegliche hygienische Grundkenntnisse. Mit ekelhaftem Mundgeruch und hässlichen gelben Zähnen. Dieser Grobian versperrte den erschrockenen Freunden plötzlich den Weg, stellte sich auf seine Hinterbeine, trommelte mit beiden Fäusten wie blöde auf seiner zotteligen Brust herum, gab dabei ein entsetzliches Rrroooaaaarrr Rrroooaaaarrr von sich und ließ ein zweideutiges schmatzendes Napf Napf folgen ....

Karin zuckte zusammen, das Echo sprang im Dreieck und Alibert verkroch sich ängstlich in die hinterste Bürzelecke. Karin schoß der kleine Berti durch den Kopf! Sie stellte sich auf ihre Zehenspitzen, machte sich so groß wie sie konnte und sprach wahrlich weise Worte: Moin Moin, auch ein Strolch hat eine Mutter! Das saß! Karin

Der wüste Gorby

hatte, ohne es zu ahnen, in ein Wespennest gestochen. Das war zuviel für den wüsten Gorby. Schluchzend brach er zusammen und weinte bitterlich ...

Gorby`s wunde Stelle war Gundula, seine alte, hartherzige Grobianmutter. Sie hatte ihn schon als kleinen Grobian pausenlos mutwillig erschreckt, ihm ständig Angst eingejagt, ihn gepufft, grundlos gekniffen und immer wieder die Ohren langgezogen wenn er nicht so rrroooaaaarrrte wie Mamma es wollte. Dabei war der kleine Grobian ein eher sensibles Geschöpf! Völlig aus der Art geschlagen ...

Klein Gorby liebte Schmetterlinge, Ringelnattern und die flinken Springmäuse.Viel lieber streichelte er die Glattfellwesen, als das er den süßen Tierchen die Beine und die Flügel ausriss. Er lebte, selbst gequält und geschunden, unbewusst nach dem 13 Gebot des Großen Pooark: "Quäle nie ein Tier zum Scherz, denn es könnte dein Karma sein!" Auch träumte Gorby als kleiner Grobian sehnsüchtig vom Zähneputzen, frischem Atem und seidenweichem kuscheligen Fell. All das kam jetzt wieder hoch. Da streichelte Karin dem Verzweifelten das schmuddelige Fell und tröstete den Schluchzenden: " Mutti hat es doch nicht böse gemeint! Sie wollte nur dein Bestes! Sie wußte es einfach nicht besser! Bestimmt hatte sie auch einen schwere Kindheit". Da kam der Großen Pooark unserer Karin zur Hilfe. Unverhofft ließ er, wie aus heiterem Himmel, einen prallgefüllten Kulturbeutel zu ihren Füßen fallen. Vollgestopft mit Duschgel, Seifenpulver, Waschlappen, Zahnpasta, einer niegelnagel neuen Wurzelbürste und als Krönung des ganzen Ensembles eine extra harte Zahnbürste von der Zahnputzfee. Und siehe da: Aus dem gerade noch vor Schmutz starrenden Grobian wurde in nullkommanichts ein manierliches Monster. Das versiffte Zottelfell wurde schneeweiß und seidenweich. Die gelben Beißerchen strahlten perlweiß und Mintfrische, atemtechnisch gesehen beglückte die

Bergwelt.

Zufrieden über ihr gutes Werk, machten sich die Freunde schnurstracks auf nach Kirgisistan. Nicht ohne die Erkenntnis: " Wirkliches Glück liegt darin, andere glücklich zu machen." Zurück blieb einzig und allein ein völlig ausgeplünderter Kulturbeutel. Die letzten Meter rutschten und schlidderten die beiden Samariter die eisigen, verschneiten Berghänge herunter und genossen den Anblick der ersten saftiggrünen Wiesen und die goldenen Kornfelder Kirgisistans. Dem Himalaya winkten sie noch ein letztes Mal zu und wünschten ihm zum Abschied schöneres Wetter. Sie trafen noch ein paar schwitzende Pinguine die da hin wollten, wo sie herkamen und gönnten sich ein wohlverdientes Nickerchen.

In ihren Träumen begegnete ihnen ein blitzblanker Grobian, der sich inzwischen Yeti nannte und immer wegrannte, wenn jemand auftauchte, den er nicht kannte. Gut ausgeschlafen und voller Tatendurst machten sich Karin und Alibert schnurstracks auf den Weg nach Nirgendwo irgendwo in Kirgisistan. Die Kirgistaner nannten sich mundfaul wie sie waren, einfach Kirgisen. Die Kirgisen liebten ihre Wiesen. Dieses unendlich wogende Meer aus saftiggrünem Steppengras war ihr ein und alles. Und schon beim bloßen Anblick ihrer schönen Wiesen bekamen die Kirgisen große Sehnsucht nach noch mehr Wiesen. So waren die Kirgisen ...

Ein wildes Reitervolk, das strikt nach dem uralten Kirgisenmotto lebte: "Keine zwei Pferde für ein Königreich" oder besser gesagt: "Mein Sattel ist meine Burg!"

Stumpfsinniger Arbeit gingen sie aus dem Weg, verabscheuten die Sesshaftigkeit und machten selten einen Schritt zu Fuß. Umso mehr liebten sie ihre Pferde! Kleine struppige Huftiere, die es in sich hatten! Auf ihren Rücken zogen die Kirgisen von Wiese zu Wiese veranstalteten wilde Reiterspiele und übten sich im Tonnenschlagen.

Noch berühmter als die berüchtigten Reiterspiele war das

Maitre Bosscuse

"Cheval a Bascule" - "Das Schaukelpferdchen", ein französisches Feinschmeckerlokal der allerersten Kategorie! 36 Sterne schmückten sein Dach. Das Schaukelpferdchen stand mitten auf der grünsten Wiese im Herzen von Kirgisistan. Hier gab es die saftigsten Froschschenkel, die fettesten Heuschrecken, die köstlichsten Grillen und die dicksten Regenwürmer der ganzen Seidenstraße.

Im Cheval a Buscale regierte Maitre Bosscuse. Ein blau-rot-weißer Patriot mit ewig dicken Backen und einem unwiderstehlichem Charme. Bosscuse war ein Carcassonnier. Bodenständig, treuherzig und rauflustig. Er war der Boss! Seinerzeit war er der Leibkoch bei den legendären 4 Muskelschweinen. Diese Zeit hatte seinen Charakter und seine Speisekarte geprägt. Bosscuse war mehr als ein Koch! Bosscuse war ein Zauberer! Nur wenn unverhofft einer seiner Gäste eine "Ühnersüpp" bestellte, kochte der Meister über, haute dem Ahnungslosen was auf die Lichter und verdrosch den Hühnersuppenfreund nach alter Carcassonnier Sitte: Es gab ordentlich was auf die Marmelade und der Gedemütigte wurde obendrein des Sakrilegs bezichtigt. Dann gab es noch Lokalverbot auf Lebenszeit und die Höchststrafe: Steinigung mit hartgekochten Eiern! Hatte Bosscuse die "Süpp" verdaut, hisste er stolz den blau-rot-weißen Wimpel aller Carcassonniers, sang inbrünstig "Oh du fröhliche", bevor er wieder in den Küchenschwaden verschwand. Bosscuse hatte immer alle Flügel voll zu tun.

Karin, der keine Sprache fremd war, begrüßte den Meister mit einem tadellosen "Bonjour Maitre", was den Meisterkoch sofort drei Zentimeter schlanker werden ließ. "Bonjour Mademoiselle, sie sind eine Augenweide! Isch bin entzückt! Voila! Tre chic! Ja, Bosscuse war nicht nur ein begnadeter Koch, nein er war auch ein Charmeur alter Schule. "Ein Plätzchen am Ofen? Bon! Merci beaucoup!" Karin nahm dankend an und fügte hinzu: "Bitte decken sie für zwei Vögel." Bosscuse stutzte, verdrehte die Augen, blickte verwundert um sich, aber außer einem "Viola" verkniff er sich jegliche Bemerkung. Ihm war nichts fremd. Er liebte exzentrische Gäste, bis auf die, die eine "Ühnersüpp" bestellten.

"Froschschenkel ala Dschingis Khan? Gevierteilt oder gehäutet? Nilpferdrippchen in Tomatencreme...? Oder vielleicht Sumpfgrillen im Hanfblatt geröstet? Den Hanf bezog Bosscuse täglich pflückfrisch aus Afghanistan. Dank der Seidenstraße! Und als Hauptgang vielleicht Weinbergschneckenauflauf mit Brunnenkresse? Dazu ein stilles Wasser und eine halbes Fläschchen Gänsewein."
"Nöö, erwiderte Karin verlegen, wir möchten lieber frische Sonnenblumenkerne in Honig eingelegt! Dazu ein stilles Wasser." Voila, Mademoiselle isch schätze eine feine Zunge! Sie werden sehr zufrieden sein! Er machte noch fix einen tiefen Diener, wischte flugs die Krümelchen vom Tisch, legte ein Kratzfüßchen nach und verschwand hinter seinen brodelnden Kochtöpfen.

So gut war es Karin und Alibert schon lange nicht mehr ergangen. Sie ließen Seele und Beine baumeln, erfreuten sich an der herrlichen Landschaft, der wohltuenden Wärme des alten Ofens und legten eine Patience nach der anderen. Die Zeit verging wie im Fluge. Das Essen kam und der Maitre hatte wahrlich nicht zuviel versprochen. Es war ein Gedicht. Sie lobten Bosscuse in den Himmel und prosteten sich zu. Der Carcassonnier war von dieser außergewöhnlichen Damenbekanntschaft so begeistert, das er eine Bezahlung des Menüs entrüstet ablehnte. Ganz im Gegenteil: Er bot Mademoiselle Karin noch ein warmes Sandbad an und wünschte eine gute Nacht. Gleich am nächsten Morgen, nach dem ersten Hahnenschrei, servierte Maitre Bosscuse seinen Gästen ein leckeres Körnermüsli mit frischer Yakmilch und schenkte Karin noch zwei Eintrittskarten für die Reiterspiele in Karaganda, der Reiterhochburg Kasachstans. Sie hissten den blau-rot-weißen Wimpel und sangen gemeinsam das Lied: "Hoch auf dem gelben Wagen". Karin revanchierte sich für die kostenlose Bewirtung mit dem Märchen vom "Kleinen Berti". Der Meister zeigte sich sichtlich erschüttert, murmelte ein "Mon Dieu Catastrophe" und versprach nach kurzem Nachdenken ergriffen demnächst vielleicht etwas milder mit seinen Hühnersuppengästen umzugehen. Zumindestens wollte er, wenn es die Zeit zuließ, daran arbeiten. Aber wann fand der Maitre freie Zeit?

Drei stramme Tagesmärsche auf ausgeruhten Entenfüßen standen ihnen bevor. Karin und Alibert genossen unterwegs was Kasachstan ihnen zu bieten hatte. Sie fühlten sich wie im Schlaraffenland, pickten die Körner in den Feldern, tranken köstlich weiches Sumpfwasser, befreiten zwei hilflos in sich verknotete Ringelnattern und bedienten sich des heimischen Schilfrohrs. Fröhlich vor sich hinpfeifend schnitzte Karin eine Rohrflöte und machte sie Alibert zum Geschenk. Das Spiegelbild griff wahllos in die Löcher und brachte der Flöte die Flötentöne bei. Alibert übte wie ein Weltmeister und griff dabei ausschließlich auf südamerikanisches Liedgut zurück. Leicht beschwingt im Sambaschritt näherten sie sich ihrem nächsten Ziel: Karaganda!

Alibert spielte sich in Trance, die Entenfüße wirbelten bei jedem Sambaschritt kleine Staubwölkchen auf, die sich in ein Meer von sambatanzenden schwarzen Noten verwandelten. Ein unendliches Band der Sympathie flatterten hinter unseren Freunden her. Whoow! So etwas hatte Kasachstan noch nicht gesehen.

Der Große Pooark schmunzelte und verzichtete ausnahmsweise einmal auf sein Nachmittagsnickerchen ... Leichtfüßig erreichten unsere Wandervögel am frühen Nachmittag das sagenhafte Karaganda ...

Beim Großen Pooark! Das war eine Stadt! Bunt und lärmend bot sie sich den Ankömmlingen dar. Dieses Reiterfest war das Größte. Karin verschenkte ihre überflüssige Eintrittskarte an einen kleinen Moorhuhnjungen, der überwältigt von soviel Schwein kringelige leuchtende Augen bekam und glückselig hüpfend im Getümmel untertauchte.

Heute waren erstmals 24 Pferde am Start. Jedes Team bestand aus einem Championpferd und einem Üpferd. Das Üpferd brauchte man nur, wenn das Championpferd nicht in Form war. Da hin und wieder tatsächlich eines der Üpferde den Lorbeerkranz gewann, nannten die Kasachen sie sinnigerweise Überraschungsgäule!

Die Stars der Szene waren Mischa Poarkjanow und sein Intimfeind Kimmi Poarkkonen, ein Nordländer. Der Rest der wilden Gesellen balgte sich meistens nur um den dritten Platz. Den Vorlauf gewann Mischa, der Lokalmatador. Er hatte den Schnabel vorn gehabt. Ihm allein gehörte der erste Startplatz. Aber war das schon der Sieg? Die Nerven flatterten!

Man machte die Nacht zum Tag, stellte Unmengen von Fackeln auf, fuhr pausenlos Karussell, knallte sich die Rübe mit importiertem Detmolder Rübenschnaps zu und die gegorene Seekuhmilch besorgte den Rest. Mit anderen Worten: Die Stimmung war voll krass ...

Mischa Poarkjanow locker wie immer, war der Liebling der Massen. Die jungen Hühner lagen ihm scharenweise zu Füßen, schenkten ihm ihre Slips und säuselten dem krummbeinigen Tausendsassa verheißungsvolle Sandbadabenteuer ins Ohr. Mischa war cool bis in die Krallenspitzen. "Sport ist Sport und Schnaps ist Schnaps" philosophierte der Champ und suchte leicht schlingernd die schützende Hängematte auf.

14 Uhr kasachischer Zeitrechnung . Es ging los! Der rote Lappen senkte sich und 96 Pferdebeine kamen aus den Hufen und donnerten über die kurzgeschorene Grasnarbe. Die Besten der Besten stritten um den Sieg. Vor den Reitern lagen 175 Runden , es mussten 333 Holztonnen zerschlagen werden und wer nicht schon vorher zusammenbrach, holte das spätestens nach dem Zieleinlauf nach. Unterbro-

chen wurde die wilde Reiterei nur von einigen Boxenstops, damit die Gäule saufen konnten. Mischa Poarkjanow gewann wie im Vorjahr mit einer Nüsternlänge vor dem völlig frustrierten Kimi Poarkonen. Dritter wurde ein gewisser Onno Breitschwanz, den vorher keiner auf der Rechnung hatte. Ein leichtgewichtiger Oldenburger Sumpfholzbiber, der es leid war Tag für Tag nur an Baumstämmen rumzunagen.

Und dann geschah das Unvorstellbare! Nach langem Hin und Her wurde der strahlende Sieger disqualifiziert! Er hatte doch glatt beim letzten Boxenstop seiner Lieblingsstute Frau Ahlhorn ein stark treibendes Abführmittel in ihr Saufwasser gekippt. Abrupt nahm hier eine glänzende Karriere ihr Ende. Eben noch gefeiert und bejubelt, wurde Mischa nun kübelweise mit Kamelharn überschüttet. Aus dem Champ war das Buuhhuhn geworden! Die Stimmung kippte ...

Mischas Fans waren stinkesauer. Sie wollten ihre verzockte Kohle zurück und Mischa ans Leder. "Keine Macht den Drogen", skandierten sie und hätten dem Dopingsünder am liebsten den Kopf abgehackt, den die Kasachen waren alles andere als zimperlich. Gott sei Dank zeigte sich das Rennkomitee, alles steinreiche Hühnermogule, besonnen und beruhigte den hemmungslosen Mob.
Die Bestrafung war drastisch kasachisch: Drei Tage am Hühnerpranger in Pulvermanns Grab! Inclusive Federnrupfen solange der Vorrat reichte ....

Ein wahrhaft salomonisches Urteil, das jedermann befriedigte, sehen wir einmal von Mischa ab.

Karin und Alibert hatten genug gesehen. Klammheimlich verdrückten sie sich aus der Stadt. Kamelharnorgien waren nichts für feine Nasen. Diese Kasachen waren einfach Spitze. Rau aber herzlich. Dennoch, soviel geballte Wildheit war den Beiden fremd. Sie machten auf den Hinterballen kehrt, durchwanderten das südliche Stadttor in östlicher Richtung und atmeten erst einmal tief durch.
Nach all der Feierei, wurde es endlich mal wieder Zeit, die verlo-

renen Kräfte aufzufrischen. Sie fanden einen schattenspendenden Schlafbaum und gönnten sich ein wohlverdientes Nickerchen.

Als Karin und Alibert nach erquickenden Träumen wieder erwachten, waren sie nicht mehr allein. Vor ihnen standen zwei sonderbare Typen: Eugen Blau und sein treuer Lebensgefährte Bismarck, ein altes Trampeltier. Bismarck war hochdekoriert! Er war mongolischer Staatspreisträger der schönen Künste und Träger des Eisernen Trampelordens 1. Klasse. Man nannte ihn schmunzelnd den "Eisernen Bismarck". Ja, früher war er schon ein toller Hecht gewesen! Jetzt war Bismarck Pensionär. "Wer rastet der rostet", war von Kindesbeinen an sein Lieblingsspruch gewesen. Und so war er auch immer zeitlebens in die richtige Richtung getrampelt.

Aus der Inneren Mongolei kommend traf er in der Äußeren Mongolei mitten in der Wüste Gobi auf Eugen Blau. Beide hatten dasselbe Ziel ... Das Benefizkonzert für rheumakranke Wasserbüffel in Nemeget uul Dauaaua. Ein Wallfahrtsort für Eingeweihte.
Eugen Blau war Lyriker, schrieb Gedichte, lernte sie auswendig, verbrannte die Orginale und schütze sich somit erfolgreich gegen Diebstahl geistigen Eigentums. Sein dicker Entenschädel war ein einziger Tresor vollgepackt mit Kulturgut. Eugen war ein Emigrant, ein Ausgestoßener! Ein echter bayrischer Dickschädel.

Seine frivolen Gedichte waren es, die die Obrigkeit von Unterbayern so erzürnte. Keine Ermahnung, keine Drohung und keine Kerkerkäfig Unterbayerns und Oberbayerns konnten Eugens schöpferischen Geist brechen. Man entzog ihm seinen blauweißen Entenpass und verwies ihn der Landesgrenzen.

Vogelfrei und heimatlos zog Eugen seit jenen Tagen ziellos durch die Weltgeschichte und schwor beim Leben seiner uralten Mutter: Nie mehr im Leben eine Lederhose oder gar einen Sepplhut zu tragen.

Bismarck liebte Eugens Gedichte über alles. Die beiden Vaga-

Eugen Blau und Bismarck

bunden schlossen Blutsbrüderschaft und versprachen sich hoch und heilig für alle Zeit einander beizustehen. Eugen besetzte Bismarcks Höcker. Die Welt gehörte ihnen. Diese beiden alten Herren machten wirklich einen soliden Eindruck befand Karin. Freudig erregt nahm auch Alibert die Einladung zu einer Lyrikreise durch die Mongolei an. Gemeinsam machten sie sich auf den Weg ...

Welch ein Bild, das sich da dem Betrachter darbot: Ein Trampeltier, ein bayrischer Lyriker, ein kopfloser Vasenvogel und ein latentes Spiegelbild schaukelten gemütlich über die Seidenstraße, kicherten und sabbelten wie meschugge durcheinander, hatten Spaß wie Bolle, fürchteten keinen Sandsturm und erst recht kein Unter- oder Oberbayrisches Landgericht. Sie waren frei ... so vogelfrei, wie nur Vögel es sein können!

Neben seiner Dichtkunst hatte Eugen Blau noch eine herausstechende Leidenschaft: Eugen rauchte! Zwar kein Hanfzeug wie Niewahrnarr, aber dennoch, es qualmte rund um die Uhr. Eugen rauchte nur Kubanische Zigarren. Die aus La Habana! Kuba lag irgendwo im Meer und die Kubaner ernährten sich ausschließlich von Zigarren, Rum und Zuckerrohr. Eugen`s ewige Pafferei war auch für die drei Nichtraucher von großem Nutzen: Bismarck blieb allzeit mückenfrei! Saugmücken, Pullerbienen, und fliegende Stechtermiten waren eingeschworene Nichtraucher. Die gab es hier nämlich im Überfluss und vermehrten sich wie blöde.

So waren die neuen Freunde obenauf, saßen bequem in Bismarcks Höckerlandschaft, genossen die frische Luft, die herrliche Gegend, die hustenden Mückenschwärme in der näheren Umgebung und freuten sich auf neue Abenteuer.

Karin packte die Flöte aus, Alibert machte dicke Backen, Eugen stimmte La Cucaracha an, Bismarck schwenkte sein dickes Hinterteil im Sambaschritt und seufzte: "Oh Gotte Gotte Gott" das ist ja wie im Zirkus und legte noch eine Schüppe drauf. So ließ es sich wahrlich gut reisen. Doch wer 24 Stunden pausenlos durch die Mongolei trampelt und La Cucaracha singt, wird irgenwann müde. Bismarck bekam weiche Knie und schlug ein Mittagschläfchen vor. Alle gähnten zustimmend. Für heute war Schluß mit lustig! Auch für Alibert. Der träumte im heißen Sand von Sidolin, dem großen Geist der Spiegelfrische.

Bei seiner Flötenblaserei war er nämlich mächtig ins Schwitzen gekommen und fühlte sich sehr beschlagen. Am nächsten Morgen waren alle gut ausgeschlafen und auch Alibert war wieder blitzeblank - weiß der Himmel wie. Es wurde genüßlich gefrühstückt: Frisches Steppengras und Butterblumen getränkt in köstlich frischem Morgentau. Rasch wurden noch die leeren Wasserschläuche aufgefüllt und man beschloß mehrheitlich, die Flöte heute nicht auszupacken. Bismarck hatten einen üblen Muskelkater. Heute war Eugen Blau's Tag. Ein wundervoller milder Sommertag. Eugen räusperte sich kurz, rollte den Zigarrenstummel in die äußerste rechte Schnabelecke, ließ ihn noch einmal auf- und abwippen, räusperte sich abermals und verriet seinen Freunden ein Geheimnis: "Ich habe heute Geburtstag und möchte mir gern selbst ein Geburtstagsgeschenk machen: Ich gebe zur Feier des Tages eine Lesung, die ich auswendig aus dem Bauch heraus sprechen werde!" Whoow! Eine Lesung, nein mehr: Eine Sprechung! Sensationell! Das war einmalig! sprudelte es aus Karin heraus. Alle waren begeistert und spitzen die Ohren. Es wurde mucksmäuschen still!

„Seid froh, das ich nicht singe" war der Titel der Sprechung und da war wohl auch was dran! Der Untertitel versprach einen langen Tag: "Ein Gedicht kommt selten allein ..."

Unmöglich alle lyrischen Kostbarkeiten aus dem Schnabel des Vogels der Dichtkunst wiederzugeben - so viele waren es an der Zahl ...

Die Reise nach Dakar

Mustafa der Muselmann
schaffte sich drei Frauen an,
plante schnell die Hochzeitsreise,
das Reiseziel, es hieß Dakar,
wo immer das auch war.

Mustafa eilt zum Bazar
sich zu rüsten für Dakar.
Kaufte sich ein Dromedar,
dazu zwei Esel und zahlte bar.

Es schreiten durch die Wüste
schwerbepackt ein Eselpaar,
vorneweg das Dromedar
und obenauf der Mustafa -

die Kasse leer
das Geld war weg,
er konnte nichts mehr kaufen -
die Frauen mussten laufen ...

Bismarck liebte diese Zeilen abgöttisch und gab sich die allergrößte Mühe, sie auswendig zu lernen. Allein es blieb bei dem Versuch ...

Gerda

Gerda, der Giraffendame
aus dem fernen Afrika,

Bismarck

wurd´ eines Tages sonnenklar;
"Ich wär so gern ein Affe."
Das fand sie einfach Klasse.
Auch würd' sie gern ein Vogel sein -
nein, Vögel waren viel zu klein,
sie können zwar schön singen,
doch Affen können springen
von Ast zu Ast,
von einem Baum zum andern,
und brauchten nicht zu wandern.

Ein Affe sitzt im Baumeswipfel,
späht in die weite Fern hinaus,
und schon entsteht ein Wunsch daraus:

"Ach wär ich doch kein Affe!
wär ich doch die Giraffe,
dann könnt ich endlich wandern,
weit weg von all' den andern!"

Eugen machte eine kurze Pause, genoss den Applaus, steckte sich ein neue Zigarre ins Gesicht und fuhr fort ...

Die Laienhaie

Konsul Hansen hatte eingeladen,
zum Hochseefischen rauszufahren.
Ein Abenteuer sollte uns erwarten
den Konsul, mich und einen Obermaaten

Der alte Konsul war vergesslich-
er kam nicht - oder war unpässlich.
So ging es dann auf große Fahrt
mit mir und diesem Obermaat.
Doch leider hatt' ich Angst vor Haien.
Der Obermaat, er lachte, sprach na,na!
Nur Laien haben Angst vor Haien,
und außerdem wär keiner da!

Die Kombüse notgedrungen wurd mein Reich,
so wie die Angst war auch der Hunger groß
Ich kochte gleich den ersten Fisch,
rief nach dem Obermaat und bat zu Tisch.

Doch dieser antwortet mir nicht!
Besorgt stürz ich ans Oberdeck.
Der Obermaat war weg.
Da schwamm ein Arm
und Steuerbord sein Bein.

Hier mussten doch wohl Haie sein!

Für Karin thronte allein "Gerda" auf dem Gipfel der Lyrischen
Dichtkunst. Ein Spiegelbild der Neugierde! Karin mochte Spiegelbilder, wo immer sie auch auftauchten. Und dieses war ein besonde-
res, ein glasklares Spiegelbild. Nur unser Alibert konnte sich nicht
so recht entscheiden. Ihm gefielen alle Gedichte! Am liebsten hätte
er sie allesamt noch einmal gehört. Eugen kräuselte kurz die Stirn,
ließ seine frische Havanna von rechts nach links und wieder zurück
rollen, klemmte sie sich in der rechten Schnabelecke ein, ließ sie sich

Eugen Blau

genüsslich auswippen und haute sich noch eine Zugabe aus den Rippen - oder besser gesagt aus der Tiefe seines dicken Bauches

Alibert

Spieglein, Spieglein
an der Wand
wer ist die Schönste
im ganzen Land?

"Karin, meine Karin!" krähte Alibert verzückt - "Karin ist die Schönste im ganzen Land!" Was folgte war eine einzige Attacke auf die Lachmuskeln und Zwerchfelle der Freunde: Es dauerte sehr lange, bis sie sich wieder beruhigten, sich die letzten Lachtränen von der Backe putzen und wieder zur Besinnung kamen ...

Das Flötverbot wurde spontan aufgehoben. Heiter gestimmt sangen sie: "So ein Tag so wunderschön wie heute ..." Das stimmte! Da waren sich alle einig und diesen Geburtstag würde Eugen Blau nie mehr in seinem Leben vergessen!

Bevor sie sich aufs Öhrchen hauten, gaben sie sich noch ein "Heiliges Versprechen" Ab heute waren sie das "Lyrische Quartett", mit jeder Menge Flötentöne, kleineren Trampeleinlagen, Sambaschritten ohne Ende und einem gepfefferten poetischen Programm. Sie nannten sich selbstbewusst die "Rastlosen Vier" und planten begeistert den Feldzug des "Fröhlichen Wahnsinns". Sie träumten vom Karneval in Habana, tanzten Samba die ganze Nacht und waren dennoch am nächsten Morgen erstaunlich fit.

Die Sonne lief sich verschlafen am Horizont warm, machte einige Klimmzüge und ausnahmsweise Kniebeugen, denn die mongolischen Nächte konnten empfindlich kühl sein. Die Nebelschwaden schlichen noch am Boden rum und das Steppengras räkelte sich im Dreivierteltakt. Als die "Rastlosen Vier" erwachten, fröstelte ihnen ein wenig. Sie nahmen sich die Sonne zum leuchtenden Vorbild und übten sich im kollektiven Frühsport: Bockspringen, Liegestütze, Rhönradturnen und Knüppel aus dem Sack waren probate Mittel um dem Frösteln eine Abfuhr zu erteilen.

Zur Belohnung kochte Bismarck einen süffigen, echten mongolischen Morgenmuffeltee. Der wärmte bis in den Bürzel! Die Lebensgeister waren wieder geweckt. Unverhofft bekamen sie Gesellschaft: Nanünana, die Karnevalsklatschschlange zischelte heran. " Alaaf, Helau, Hagau, ich grüße die Götter" waren ihre Begrüßungsworte. Sie richtete sich auf, stellte sich vor und bediente sich der altbewährten Gartenschlauchtechnik, nahm eine wiegende Haltung ein und blickte prüfend in die Runde ...

"Sssooo, sssoo", zischelte sie los, ihr seid also die "Rastlosen Vier"? "Ja mei", grummelte Eugen, "sakrakrutzitürken, sieht man dös net?" "Doch, doch, bejahte Nanünana, deswegen bin ich ja hier! Habt ihr Bock auf eine heiße Mucke?" Wie denn? Wo denn? Wann denn? rief das Quartett aufgeregt durcheinander. Beim Kleinen Khan, in der „Verbotenen Stadt!" In Dortmund??? brummte Eugen. Quatsch! In Ulan Bator, ich komme gerade dorther beteuerte Nanünana. Es gab wirklich keinen Platz in der Inneren- und Äußeren Mongolei wo sie sich nicht schon herumgeschlängelt hatte. Selbst in den unbezwingbaren Palisadenwällen der verbotenen, grausamen Stadt fand sie immer wieder ein Loch oder ein Ritze, wo sie durchschlüpfen konnte. Nanünana fuhr fort: "Der Kleine Khan, der gefürchtetste gefiederte Kampfhahn weit und breit, ist übel drauf. Die Schatten der Übellaunigkeit schweben über seinem Haupt! Er sehnt sich nach der Sonne der Heiterkeit. Der Khan will lachen! 40 Possenreißerköpfe rollten schon vom Schafott, aber die Sonne der Heiterkeit meidet den Ort des Grauens! Seid ihr bereit?"

Nanünana

Bismarck kannte den Kleinen Khan persönlich. Ein widerliches Subjekt. Blutrünstig und rauflustig wie kein Zweiter. Bismarck hatte seinerzeit immer mal wieder Blickkontakt bei seinen Trampeleinlagen im Mongolischen Staatszirkus mit diesem schwarzen Finsterling gehabt. Schon als junger Prinz lümmelte sich der Kleine Khan gelangweilt in seiner Ehrenloge herum und verströmte schon damals schlechte Energien... Bismarck wiegte seinen schweren Kopf pendelnd hin und her und fragte mit bedenklicher Miene:

"Was meint ihr? Sind wie bereit? Wollen wir es wagen?" Wie aus einem Munde entfuhr es seinen Mitstreitern: Einer für alle! Alle für einen! Es wurde etwas enger in Bismarcks Höckerlandschaft. Sie setzten alles auf eine Karte, die Flöte wurde ausgepackt der Samba klang besser denn je und die mongolischen Mückenhorden machten einen großen Bogen um das alte Wüstenschiff. Die dicke Havanna qualmte wie ein Schornstein und es bildete sich eine beeindruckende Wolke der Fröhlichkeit. Spielend wuchs das Selbstvertrauen!

Einige Tage dauerte es schon, bis sie die Umrisse der palisanderstarrenden „Verbotenen Stadt" am Horizont erspähten. Auf dem letzten Teilstück der Hauptstraße, die zum großen Stadttor führte, standen links und rechts des Weges je 20 Pfähle mit den aufgespießten Köpfen der unglücklichen Spaßvögel. Diese Possenreißer hatten auch schon mal bessere Tage gesehen. „Alles Versager", murmelte Eugen Blau leise... Augen zu und ab durch die Mitte hieß die Parole und Bismarck, der Eiserne, trampelte gemächlichen Schrittes, mit schlingerndem Hinterteil durch das große Tor der finsteren Mächte. "Mein lieber Herr Gesangsverein" flüsterte Alibert erschrocken. Seine Stimme war schlagartig etwas dünn geworden. Zitterte sie gar? Mitnichten! "Einer für alle - Alle für einen!", schallte es über den Platz der Rollenden Köpfe! Sie waren am Ziel...

Im Palast wurden sie mit Musik empfangen. Einige unbegabte mongolische Zopfträger spielten nacheinander die Nationalhymnen von Unterbayern, Kirgisien, Cuba, der Mongolei und Karin zuliebe: "Am Brunnen vor dem Tore"...

Der Kleine Khan erschien, fläzte sich auf seinen Totenschädelthron, bestellte blaue Weintrauben und berauschte sich an ihrem Fruchtfleisch. Übellaunig wie eh und je starrte er die wartenden Freunde misstrauisch an. Dann knurrte er "Rauchen guuut!" Dabei deutete er auf Eugens dicke Havanna. Eugen begriff sofort wo Bartel den Most holt! Mit einer tiefen Verbeugung überreichte er das qualmende Gastgeschenk. Der Kleine Khan rauchte wie nur ein Wahnsinniger rauchen konnte! "Rauchen guuuuuut," grunzte der Ungebildete und inhalierte gierig weiter. Der erste Schritt war getan. Die Havanna des Friedens dampfte weiter. Der Khan war high, entspannte sich ausnahmsweise und bat, sichtlich milder gestimmt um eine Erheiterung seines Daseins ...

Alibert packte die Flöte aus, hielt sich aber noch ein wenig zurück und spielte die 2 Jahreszeiten, ein altes mongolisches Volkslied. Das gefiel dem Wüstling prächtig!

Sommer und Winter, das waren die besten Zeiten für Raubzüge! Er schenkte Alibert zum Dank eine mongolische Quitscheente, verziert mit blutigen Pfeilspitzen. Der Kleine Khan schien etwas gerührt, aber er hatte noch nicht gelacht! Jetzt wurde es ernst. Eugen klatschte sanft mit den Flügeln, bat um Aufmerksamkeit und rubbelte dreimal mit seinem Bürzel über den armdicken, flauschigen Perserteppich. Derweil knurrte dem Khan wieder der Magen. Ohne einen blassen Schimmer von den kulinarischen Vorlieben des Barbaren, zu haben, wählte Eugen treffsicher sein erstes Gedicht:

Ein letzter Rat

Der alte Frosch, schon hochbetagt
sehr klug und auch ein bisschen weise -
doch wurden seine Töne leise.
Das stolze Quaken - nicht mehr laut,
die Stimme hatte abgebaut.
So schaut er in des Teiches Weite,
rief sich den Sohn an seine Seite.
Von all dem Wissen aus dem Leben
wollt er dem Sohn sehr gern was geben.

"Mein lieber Sohn
Du kannst gut schwimmen,
durchs Unterholz kannst Du gut springen,
geschickt bist Du beim Fliegenfang,
gar lieblich ist auch Dein Gesang -
drum will ich auch nicht länger quaken.
Nur eines möcht ich Dir noch raten!
Bericht es auch dem Enkel!

Achtet auf die Schenkel!"

Der Kleine Khan, ein leidenschaftlicher Froschschenkelfresser, bekam eine dröhnende Lachattacke nach der andern, haute sich kreischend auf die feisten Hühnerbollen und holte sich einen Lachmuskelkrampf vom Allerfeinsten. Wie schon erwähnt der Gute war lachtechnisch etwas aus der Übung.

Beim Großen Pooark! Es hatte geklappt! Potz Blitz und dreimal kahlrasierter Bürzel! Der Khan lachte! Der Hofstaat lachte! Alle lachten!

Der kleine Khan

Alibert ergriff die Gunst der Stunde und blähte die Backen auf: Jetzt war die Zeit reif für einen Samba! Caramba! Was jetzt geschah, spottete jeder Beschreibung! Die längste Polonaise der mongolischen Urgeschichte nahm ihren Lauf. Wie ein riesiger wildgewordener Tatzelwurm schlängelten sich die durchgeknallten Mongolen, Nanünana und die "Rastlosen Vier" durch die engen Gassen der „Verbotenen Stadt".

Alle waren wie von Sinnen! Selbst die Totenschädel waren aus dem Häuschen und wiegten sich zaghaft im Rhythmus der Dahinstampfenden. Die Erde bebte. Die Sonne der Heiterkeit stand vor der Tür. Die Mongolen huldigten ihren einheimischen Göttern, verdammten die Übellaunigkeit und ließen die "Rastlosen Vier" hochleben.

Dank den Fremden, dank dem Rauch! Reichlich verwöhnt und reich beschenkt, brachen die Freunde gleich beim ersten Hahnenschrei auf, überquerten stumm den Platz der Rollenden Köpfe und ließen das große Stadttor hinter sich. Keiner wagte sich umzuschauen! Man konnte ja nie wissen ...

Nanünana war zurückgeblieben. Sie stand seit gestern Nacht im Dienste des Kleinen Khan, als Kulturministerin für lyrische und musikalische Großereignisse. Kein Anlass zur Besorgnis. Nanünana würde sich schon durchschlängeln ...

Um ganz sicher zu gehen, wechselte Bismarck mehrmals die Richtung, drehte sich ächzend dreimal um die eigene Achse, verwischte sorgsam seine eigenen Trampelspuren und knurrte: "Dann sucht mal schön". Er kannte diese linken Brüder nur allzugut! Diesen Teil der Seidenstraße nannte man seither den "Bismarckschen Trampelpfad!"

Sie zogen weiter in die entgegengesetzte Richtung und sprachen den ganzen Tag kein einziges Wort. Nur Alibert plapperte vor sich hin: "Lieber zwei Hühneraugen, als einen Khan! Die Mongolen soll der Teufel holen!" Er erntete nur ein einstimmiges: "Schnabel halten!"

Sie kamen an Hami, Anxi, Datong und Lanzho vorbei und überquerten den Huang Ho, mieden jedes Anzeichen von gefiederter Zivilisation und erreichten endlich wieder erstarkt das Ziel ihrer Träume: China! Das Grosse Reich der Mitte!

Eugen und Bismarck waren des Wanderns müde geworden. China, das Land der weisen Philosophen und der knallbunten Feuerwerke sollte ihre letzte Heimat werden. Sie mußten einsehen, sie waren nicht mehr die Jüngsten. Und selbst die stärksten Trampelfüße waren irgendwann mal ausgelatscht.

Die beiden alten Herren erwarben ein Grundstück mit Weinbergen, einer Wassermühle und Tabakfeldern soweit das Auge reichte. Was wollten sie noch mehr? "Hier kann ich dichten, hier kann ich sein", gab Eugen zum Besten und Bismarck ergänzte: "Havannas am Morgen vertreiben Mücken und Sorgen"! Alibert mußte auch noch seinen Senf dazugeben: "Havannas in der Nacht, am Morgen der Bürzel kracht" Eugen, Bismarck, Alibert und Karin feierten ein rauschendes Abschiedsfest und tanzten Samba die ganze Nacht...

Nach einem kurzen Nickerchen frühstückten sie noch einmal gemeinsam, gaben sich ein letztes Mal das Große Ehrenwort: "Einer für alle! Alle für einen!" und verabschiedeten sich mit wehmütigen Herzen. Karin und Alibert zogen los, drehten sich so oft wie möglich um und winkten Eugen und Bismarck noch so lange zu bis es keinen Sinn mehr machte ...

Die erste Hühnerseele die sie auf dem chinesischen Teil der Seidenstraße trafen, war Roberto Remmi Demmi, ein schwarzer Gockel, der nach seinen Wurzeln suchte. Ein wahrer Springinsfeld! Ein Tausendsassa! Voller Temperament überschäumender Lebensfreude und einem starken Hang zu weinroten Torerojacken. Er erzählte den staunenden Freunden von seinem nächsten Galakonzert in der „Ver-

Roberto Remmi Demmi

botenen Stadt." Von jeder Menge Kohle und überhaupt: Er, Roberto war der Größte! Das klang vertraut! Das klang brühfrisch! War der Khan wieder übellaunig? Karin schauderte, bekam eine Gänsehaut und sah schon wieder die Totenschädel auf ihren Stangen tanzen.

Trotzdem, Trübsal blasen war nicht angesagt! Alibert schnappte sich seine heißgeliebte Flöte und legte los. Da packte Roberto ruckzuck seinen neuesten brandheißen Hit aus: "Ein bisschen Spaß muss sein ..."

Er war auch ein begnadeter Rumbatänzer und so verschmolzen Aliberts Samba und Roberto's Rumba zu einem fantastischen Rhythmus zusammen. Das war das Salz in der Suppe! Der "Salza" der Urzeit war geboren. Es blieb nicht bei dieser einen Geburt! Roberto lief zur Hochform auf, schwitzte wie ein Pinguin am Toten Meer, steppte locker aus den Kniekehlen heraus und war sich seiner Sache ziemlich sicher: Er würde den Khan schon schaukeln. "Mein lieber Schwan", japste Alibert, "der Schwatte ist ja reinstes Dynamit!" Das wird dem Kleinen Khan gefallen. Roberto schenkte Ihnen noch zwei Autogrammkarten, schulterte seinen Rucksack und verschwand fröhlich winkend hinter den grünen Hügeln am Horizont.

Ein Jahr später erfuhren Karin und Alibert mehr von Roberto's legendärer Mucke beim Kleinen Khan ...

Es war ein Bombenerfolg! Alles begann mit: "Ein bisschen Spaß muss sein." Dann ging es Schlag auf Schlag. Es folgte: "Vierzehn Geier auf des toten Gockels Kiste" und gleich danach "Der Kopfabschneider von Dschungarei, der war die Krönung der Barbarei". Der Kleine Khan raste vor Begeisterung. Der Bann war gebrochen. Roberto hatte den Nagel auf den Kopf getroffen. Die Mongolen flippten aus. Die Füße stampften, die Erde stöhnte, die Schädel wippten ...

Das war wirklich die wildeste Sause, die mongolischer Lehmboden je erlebt hatte. Die Horden amüsierten sich und soffen wie die

Löcher. Es wurde eine endlos heiße Nacht. Auch der Richterskala wurde speiübel.

Am nächsten Morgen sprach der listige Khan zu Roberto: "Ein bisschen Spaß muss sein" und sperrte den entsetzten Entertainer in einen Bambuskäfig ohne Freilaufgarantie! Er sollte jetzt jede Nacht seine wüsten Lieder singen - ob er es wollte oder nicht! Roberto graute bei dieser Vorstellung. Nur ein La Le Lu zum richtigen Zeitpunkt verhinderte Schlimmeres. Im Schutze der Dunkelheit rettete er seinen Kopf, bestieg hastig eine mongolische Stute, machte sich schleunigst aus dem Staub und ritt erleichtert der aufgehenden Sonne entgegen ...

"Ein bisschen Spaß muss sein", redete sich Roberto ein und erreichte unversehrt und unerkannt wieder chinesischen Boden. Gerettet!

Wie war es unseren Freunden inzwischen ergangen? Als Roberto am Horizont verschwunden war wurde es still um Karin und Alibert. Kein Abenteuer weit und breit. Sie begannen sich zu langweilen. Aber was war das? War da was? Genau da schluchzte doch jemand! Hinter einem Busch versteckt entdeckten sie Machdochnix - den Vogel der Unschuld - einen Zwergpelikan mit einem gewaltigen Schnabelsack.

Wieder einmal, wie so oft, war dieser völlig unschuldig in eine dieser hinterhältigen Zollkontrollen geraten. Verneinte wahrheitsgemäß die Frage nach zu verzollender Handelsware und Stückgut aller Art und bekam prompt Ärger ohne Ende ...

Mit seinem großen Schnabelsack erregte ein Zwergpelikan bei allen Zollkontrollen Argwohn und lud zu flankierenden Maßnahmen ein. Misstrauen machte sich breit! Aber so tief die chinesischen Zollgeier ihre Köpfe auch in Machdochnix's Schnabelsack steckten: Der Sack blieb leer! Unfassbar! Sie ergriffen ihn, würgten seinen Hals und drohten dem Unschuldigen : "Spuck's aus du Schmuggler-

Machdochnix

schwein!" Machdochnix zitterte am ganzen Körper faselte was von seinem Anwalt, rutschte hilflos auf den Knien und winselte um Gnade. Vergebens!

Die rüden Zollgeier kannten keine Gnade. Sie verdroschen den hilflosen Machdochnix nach Strich und Faden, zerrten an seiner Goldtalerzipfelmütze herum und rissen ihm nach allen Regeln der Kunst die ersten Federn aus. Und wäre nicht zufällig die erste Rauchzeichenübertragung Radio Pekings von den offenen Chinesischen Meisterschaften im Ping-Pong am Start gewesen, wer weiß, wie alles geendet hätte ... Denn die Chinesen waren Ping-Pong süchtig. Dafür ließen sie alles stehen und liegen.

Machdochnix floh arg zerzaust in das benachbarte Unterholz und leckte seine Wunden. Schluchzend ordnete er sein zauseliges Gefieder, zupfte lose Federn aus und versteckte sie sorgsam unter seiner legendären Zipfelmütze. Dabei klagte er dem Großen Pooark sein Leid, das hemmungslos aus ihm herausbrach.

Karin war sofort klar, diesem unglücklichen Geschöpf mußte geholfen werden! Zur Aufmunterung schenkte sie dem Verzweifelten ein freundliches Moin Moin und fragte vorsichtig: "Können wir Dir helfen?" Karin streichelte dem Schluchzenden den gewaltigen Schnabel, kraulte ihm ein wenig den Hinterkopf, trocknete seine Tränen und lud den Geschundenen zu einer großen Schnabeltasse grünen Tee ein. Dieser Tee, der "Grüne Formosa", war wirklich famos. Er stärkte die Glieder, belebte den Geist und wärmte Bauch und Bürzel gleichermaßen. Man war fast geneigt, alle Sorgen über Bord zu werfen und nur noch positiv zu denken.

Sie dankten dem Großen Pooark für seine unendliche Güte und Radio Peking für das Ping-Pong Spektakel. Zu dritt maschierten sie schnurstracks ins chinesische Landesinnere, vermieden jegliche Zollkontrollen und hatten nur noch ein Ziel vor Augen: Peking...

Hatte auch unsere Freunde das Ping-Pong Fieber ereilt? Jawohl! Peking, die sagenhafte Grosse Mauer und jede Menge Ping-Pong hatte sich das Trio auf ihre Fahnen geschrieben! Überraschenderweise war von der Grossen Mauer noch nicht allzuviel zu sehen. Sie steckte noch in ihren Kinderschuhen und war noch lange nicht fertig. Genaugenommen war sie noch gar nicht da! Dennoch: Millionen und Abermillionen ausgemergelter Pekingenten schufteten wie Sklaven. Sie schleppten Tag und Nacht schwere Steine ohne Ende, rührten Mörtel, fluchten leise vor sich hin oder ließen entkräftet die Flügel hängen! Viele bissen ins Gras, oder gaben schlichtweg den Löffel ab. Das war die Härte! In tausend Jahren sollte der Wahnsinnsbau fertig sein. Aber Wunder brauchten schon immer etwas länger und Weltwunder dauerten noch länger. So manche Ente hatte irgendwann die Faxen dicke, rammte wahllos eine Bambusstange in die aufgewühlte schlammige Erde, hisste kleine Fähnchen gegen böse Geister und machte sich hastig aus dem Staub. Das nannte man eine Fahnenflucht!

Lieber das Gesicht verlieren, aber dafür den Bürzel behalten sagten sich die Pekingenten und verdrückten sich scharenweise. Da so ziemlich jede zweite Ente im alten China von damals Cheng, Chang, Gu, Wang, Wong oder Wu hieß, konnte man nach einer erfolgreichen Fahnenflucht relativ bequem untertauchen. Zwar dauerte der Mauerbau dadurch etwas länger als geplant, dafür nahm das Fahnenmeer stattliche Formen an.

Mutig durchschlüpften die drei Freunde einen verwaisten Mauerdurchbruch rammten übermütig Bambus in die chinesische Muttererde, hängten kleine Fähnchen auf und kicherten um die Wette. "Dann sucht mal schön", schwadronierte Alibert.

Am nächsten Morgen wurden erst einmal die steifen Glieder gestärkt, reichlich Frühsport getrieben und mit knurrenden Mägen zogen sie weiter. Die Straßen füllten sich, denn die Chinesen waren fleißige Enten. Der fleißigste der Fleißigen war aber ihr Kaiser

Zatt Zan Maoam

Zatt Zan Maoam. Das bedeutet soviel wie: "Der Maoam, der immer siegen wird"! Wir werden sehen ob das stimmte, denn das gemeine Entenvolk nannte seinen Kaiser hinter vorgehaltenen Flügeln: Den maßlosen Lüstling!

Dem Kleinen Khan nicht unähnlich, war Maoam zwar ein Barbar, aber auch ein Geisteswissenschaftler. Er liebte die schönen Künste, rauchte gern, mochte schnuckelige Entenmädels und war auch sonst kein Kostverächter. Das beliebte "Roll den Kopf" war seine größte Leidenschaft. Und wenn es seine Zeit zuließ versuchte sich Zatt Zan im "Bonsai wechsel Dich" und "Bau mir das Haus vom Nikolaus". Eine rein chinesische Frühvariante des späteren Strich-männchen. Leider Gottes war Maoam ein ausgesprochen schlechter Verlierer! Ob auf dem Schlachtfeld oder bei Gesellschaftsspielen.

Auch nannte er eine unübersehbare Kinderschar sein eigen, schnürte den jungen Maiden die Entenfüße zusammen, auf das sie ihm nicht davonliefen. Unbarmherzig und grausam konnte er sein. Liebenswert und charmant, wenn er einen Bürzel begehrte!

Er schenkte denen, die ihm nach dem Schnabel schnatterten Haus und Hof. Starrhälse die widersprachen, mussten an der Gro-ßen Mauer schuften oder Maoam verschaffte ihnen, hartherzig wie er war, einen abzugfreien Bürzel. Er schnitt ihnen schnipp schnapp die starrsinnigen Hälse ab.

Aber der Kaiser war auch ein begnadeter Erfinder: Er erfand das Lachgummi - eine glibberige süße Kaumasse in den abenteu-erlichsten Drachenformen - die zum hirnlosen Lutschen und Kau-en verführte. Die Chinesen nannten es Opium fürs Volk. Allerdings taten kariesbefallenen Schnabelträgern allzu leicht die Zähne weh. Dann wurde aus dem Lachgummi ganz schnell ein Weingummi. Zatt Zan erfand auch das Drachensteigenlassen, eine urzeitliche Form des Handy`s ohne lästige Knebelverträge, Funklöcher und störende Ne-bengeräusche.

Gegen nächtliche Einsamkeit schützten ihn eine ganze Heerschar persönlicher Hostessen - leibeigene kaiserliche Lustgespielinnen - und weil sie so zahlreich wie die Bienen waren, nannte sie das Volk: Des Kaiser`s „Konkubienen". Einige der Damen waren dem Kaiser so treu bis sie am Stock gingen und auch dann noch den frischen Nachwuchs, die so genannten „Konkis" einführten.

Tag und Nacht galt es den Kaiser zu verwöhnen. Die Konkubienen schwirrten um ihn herum, verabreichten Fußmassagen, kraulten den Nacken, säuselten zärtliche Gedichte, besangen die Reisfelder und priesen überschwänglich einen gewissen Erich Huhnecker, einem gelernten Dachdecker, der sich aber auch im Mauerbau bestens auskannte und als ausgewiesener Experte die Bauleitung der Grossen Mauer unter sich hatte.

Den Rest der Nacht verpennte der Maoam im Kreise seiner Liebsten und träumte von einer riesengroßen Mauer und zartrosa Entenbrüsten ...

Am nächsten Morgen erinnerte er sich zufrieden wie wild er doch wieder mit seinem kaiserlichen Säbel gerasselt hatte und tätigte sorgenfrei sein erstes Tagesgeschäft. Bei solch einer morgendlichen Sitzung - es donnerte und krachte - erfand Maoam rein zufällig das Schwarzpulver, eine nicht ganz ungefährliche Substanz, die nur von großen Nutzen war, wenn sie im Lande blieb. Chinas Nachbarn waren entsetzt! Allzu Neugierige verbrannten sich die Flügel, riskierten ihre Hälse und verloren ihr Leben. Diese haarsträubenden Geschichten waren Karin, Alibert und Machdochnix zu Ohren gekommen, als sie auf einer staubigen Landstraße in einen Stau geraten waren. Schuld daran war die Landfluchtschlange! Denn, als hätten sie einen Pups im Kopf, wollten wohl fast alle Landenten auf einmal nicht mehr knietief in wässrigen Reisfeldern rumwatscheln oder beim Mauerbau pausenlos Mörtel anrühren. Nein! Sie wollten auch waschechte Pekingenten werden, die kaiserlichen Vergnügungsparks besuchen, in den Spielhöllen reich werden, in den Bordellen auf dicke Hose machen und jeden Abend Feuerwerk gucken...

Aus ihrer Sicht verständlich, aber absolut tödlich für die verwaisten Reisfelder. Unverhofft wurden die Freunde aus der Schlange gezerrt, unterzogen sich unfreiwillig einer peinlichen Bürzelkontrolle und ein langes strenges Verhör begann...

Machdochnix stammelte immer wieder: "Ich mach doch nix!" und beteuerte schluchzend seine Unschuld. Alibert hatte die Hosen gestrichen voll und alles blieb an Karin hängen!

Die Chinesen hatten schon seit Urzeiten ein gestörtes Verhältnis zu denen die ihr Gesicht verloren hatten und Karin war ja seit ihrer Geburt kopflos. Es dauerte endlose Stunden bis man ihr glaubte. Nur ihr goldenes Herz und ein vergilbtes Passfoto retteten ihre bedrohten Hälse. Jetzt plötzlich öffneten sich ihnen alle Tore! Die Fremdlinge waren in aller Munde. Sogar Zatt Zann Maoam hörte davon und begehrte ihre Bekanntschaft ...

Der Kaiser bekam gerade neue Kleider. Für den Entwurf und die Fertigung stand der Zarewitsch der Modewelt: Eduard Moosfeustel-Glücksklee. Ein leidenschaftlicher Zopfträger und Perlenliebhaber. Er allein schöpfte des Kaisers neue Kleider! Kreativität und handwerkliches Können verschmolzen bei Meister Eduard zu wahren Träumen aus Samt und Seide. Er allein war der Träger des "Goldenen Krallenhutes" Seine Lieblingswörter waren: "Entzückend! Ich flipp aus! Hammerhart! Tre chic!" Es konnte aber auch ein: "Traumhaft, hinreißend oder wie unangenehm sein!" Unterstützt wurde er dabei von seinem kleinen Liebling Sissi, einer dusseligen pechschwarzen Zwergente mit einem weißen Fleck auf dem Bauch. Tre chic, wie Moosfeustel immer wieder betonte. Da der Meister rund um die Uhr alle Flügel voll zu tun hatte, rutschte Sissi den ganzen lieben Tag wibbelig auf dem Fußboden herum, spielte sich neurotisch am Bürzel und besabberte ihr Lätzchen. Sissi war zwar dumm aber nicht

Moosfeustel - Glücksklee

bösartig! Wie gesagt: Die beiden verstanden sich prächtig!

Kaiser Maoam, an dem Moosfeustel gerade Maß nahm, klatschte ausnahmsweise einmal selbst in die eigenen Flügel und rief: "Hallöchen Popöchen!" Er meinte damit zweifelsohne Karin...

Karin lobte den kaiserlichen Palast und die kaiserlichen Gärten in den allerhöchsten Tönen. Maoam war mehr als begeistert, lobte zurück, ließ alles verdunkeln, dimmte zur Feier des Tages höchstpersönlich die Lampions herunter und ließ Arbeit Arbeit sein. Dabei verschwendete er offensichtlich keinen Gedanken an seine Konkis. Zur Abwechslung wollte er lieber mal diesem gesichtslosen Entenmädchen auf den Bürzel schauen. Karin roch den Braten sofort und schlug dem alten Lüstling etwas ganz anderes vor: "Eure kaiserliche Hoheit", was haltet Ihr denn von einem schönen alten Märchen aus Nordland-Persien? Das klang verheißungsvoll! Der Kaiser wurde neugierig und stimmte sofort zu! Der ganze Hofstaat klatschte enthusiastisch in die Flügel.

Dummerweise kannte Karin nur ein einziges Märchen: Das vom kleinen Berti ...

Sie webte, sie knüpfte, flocht hier und da etwas Neues, noch Schillernderes ein! Sie rückte von der Wahrheit ab, machte Berti zum teuersten Nordland Maradonna aller Zeiten und verlieh ihm den Goldenen Schuh und die begehrte Torjägerkanone. Zatt Zann Maoam stutzte, kräuselte die Stirn und kniff die Augen zusammen: "Wo hatte dieser kleine Lümmel das schwarze Pulver her? Was war das für eine Kanone? Wie weit waren diese Nordländer? Das Berti Gras fraß, Kerzen in die Luft schoß, das es im Strafraum lichterloh brannte, das Papua-Neuguinea ein brillantes Feuerwerk nach dem anderen abbrannte und damit das feindliche Bollwerk knackte, ließ er ja noch durchgehen! Aber Kopfballtorpedos, Granaten aus der zweiten Reihe und Torjägerkanonen? Das klang doch alles sehr bedrohlich!

Was hatten diese Nordland-Perser vor? Zatt Zan hatte plötzlich das Gefühl, er müsse mal wieder ordentlich auf den Putz hauen, ließ den großen Gong dreimal schlagen und seine Leibstandarte - die grausame Broilerbande - ergriff die zappelnden Fremdlinge und sperrte sie in den dunkelsten Käfig von Peking. Sie wurden umgehend zu Staatsfeinden erklärt! Schluss mit lustig. Das Grauen zog in die Bürzel ein ...

Von finsteren Kerkerschergen, den berüchtigten Dong Dong Pickhühnern grausam gefoltert, wollte der paranoide Gastgeber ihnen ein Geständnis abpressen: Durch Entenfüßekitzeln mit dem gefürchteten Gänsekiel und als Zugabe klitzekleine, kitzelige, krabbelnde Marathon-Seidenraupen. Die Lage schien hoffnungslos! Unsere Freunde wären wohl an Lachmuskelkrämpfen zu Grunde gegangen. „Roll den Kopf" war dagegen ein Kinderspiel. Es kam aber doch alles anders ...

Die dunkle Wolke der üblen Nachrichten tauchte plötzlich über der „Mutter aller verbotenen Städte" auf und verbreitete Angst und Schrecken. Das Übel prasselte auf die gebeutelten Chinesen hernieder. Sogar das ewige Ping Pong verstummte und die verstörten Pekingenten wehklagten jämmerlich, wo immer sie konnten.

Sie heulten Rotz und Wasser, rissen sich die Federn aus und begossen ihre Häupter mit Entengrütze. Das Schicksal nahm seinen Lauf. Die schwarze Wolke hatte grauenhafte Spuren hinterlassen, ja sogar auf den kaiserlichen Dächern prangten hastig geschmierte Wandparolen: Hunger! Hunger! Wir haben Hunger! Nieder mit dem Maoam! Rollt den Kopf! Die Landflucht hatte sich gerächt. Die Chinesen hatten nichts mehr zu picken. Jetzt nagten sie am Hungertuch. Solchen Untertanen war nicht mehr zu trauen. Die Stadttore wurden verriegelt! Angst und Intrigen machten sich breit ...

Ausgerechnet Moosfeustel-Glücksklee allein behielt einen kühlen Kopf. Keine Körner - keine Kleider, seufzte der Meister. Wie unangenehm! Er schnappte sich seine Sissi, befreite in einem Husarenstreich die hilflos kichernden Staatsfeinde, um mit ihrer Hilfe zu den scheinbar begüterten Nordland-Persern zu gelangen. Karin versprach dem Großen Pooark in einem Stoßgebet hoch und heilig, nie mehr zu flunkern und kein Seemannsgarn mehr zu spinnen. Alibert war über und über mit Angstschweiß bedeckt und bibberte leise vor sich hin. Nur Machdochnix fühlte sich wie immer unschuldig. Sie rannten um ihr kleines Leben, entkamen unbehelligt durch ein winziges Hintertürchen, verschlossen es hastig, warfen den Schlüssel weg, verwischten ihre Spuren und gaben mächtig Fersengeld. Außer seiner Sissi und einigen Schnittbogenmustern für die Herbstkollektion war für Moosfeustel alles verloren. Ein ganzes Lebenswerk schien zerstört. Der Meister war untröstlich. Aber sie lebten noch! Die Herzen pochten wie verrückt, die Zungen hingen aus den Hälsen, die Füße brannten und die Knie wurden immer weicher. Nach zweitägiger ununterbrochener Rennerei erreichten sie unversehrt, aber völlig außer Atem den Jangtse. Sie schwammen und tauchten durch das kühle Nass und gönnten sich im warmen Sand des rettenden Ufers endlich ein wohlverdientes Nickerchen. Sieben Tage Tiefschlaf ohne Albträume war eine angemessene Belohnung für ihre Flucht. Sie schliefen wie die Steine!

Seit geraumer Zeit, besser gesagt seit drei Tagen, hockte ein fremdes Federwesen am Lagerfeuer, legte frisches Brennholz nach, baute den Schnarchenden einen Zeltling aus Bambus und Schilfgras. Denn die Tage waren heiß und die Nächte bitterkalt. Feuerrote Bürzel und kalte Entenfüße waren nicht förderlich für Kreislauf und Stuhlgang und schadeten der allgemeinen Lebenserwartung.
Der da am Feuer saß war Brauchnix - der Vogel der Bescheidenheit, ein Bettelmönch! Ein gutmütiges Wesen ....

Auch Brauchnix`s Geist war erleuchtet! Er lebte streng nach den Thesen von Meister Kioto aus Ioto ... Der Meister predigte strengste Askese und Demut ohne Ende. Trotzdem oder gerade des-

wegen war Brauchnix zentralasiatischer Kickboxmeister im Feder-
gewicht. Einer geheimnisvollen klösterlichen Kampfsportart. Heili-
ge Männer wie Brauchnix waren der Schrecken aller Wegelagerer,
Piraten und Strauchdiebe.

Endlich erwachten die Langschläfer aus ihrem Tiefschlaf. Sie
rieben sich verwundert die Augen und sofort wurde ihnen klar: Das
war kein schräger Vogel - das war ein Freund! Brauchnix stärkte ihr
Vertrauen mit seinem Ioto Gelöbnis aus alten Klostertagen ...

> Ich durfte mit dem Meister lachen
> Durfte Euch im Schlaf bewachen
> Auf goldenen Schwingen bin ich zu Euch geflogen
> Alles ist wahr, nichts ist gelogen!

Sie glaubten ihm aufs Wort und stellten keine weiteren Fragen. Die "Familie" hatte schlafenderweise aufgeweckten Zuwachs
bekommen. Sie sangen dankbar ein Begrüßungsständchen: "Shallalalalla wir lieben Dich - Shallalalalla wir zähl'n auf Dich!" Das Weni-
ge was Strand und Dünen hergaben wurde geteilt. Heißes Wasser mit
Zitrone, Grasbeeren und dürres Schnittlauch. Nach diesem kargen
Frühstück war es an der Zeit, die verschlafenen Hirnmassen zu akti-
vieren. Groß- und Kleinhirn wurden locker durchgeknetet. Ein ein-
zigartiger kreativer Prozess keimte auf und mit ihm die Hoffnung.
Es war Alibert, der als erster mit einer großartigen Idee glänzte:

> „Wir bauen uns ein Flößchen
> mittenmang ein Bambusbaum
> und obendrauf ein Döschen."

Beim Große Pooark! Bambus gab es in Hülle und Fülle! Alle
Flügelpaare klatschten begeistert Beifall. Alibert war stolz wie Os-

Brauchnix

kar! Jetzt wurde aber in die Flügel gespuckt... Aus dem Flößchen wurde ein Floß, aus dem Döschen ein stabiler Bastkorb, und Moosfeustel schneiderte aus dem Sonnendach ein wuchtiges Segel mit verstärkter Doppelkante. Mittendrauf prangte ein fröhlich grinsendes Glücksschwein ! Sie tauften ihren Hoffnungsträger den "Kleinen Sausewind" setzten das Segel und schipperten an den Ufern des Jangtse entlang, bis sie die offene See erreichten. Die "Steife Brise" ein beliebter Seefahrerwind schmunzelte, drückte beide Augen zu und machte dicke Backen ...

Dem Großen Pooark sei Dank, ereilte keinen unserer wackeren Matrosen die gefürchtete Seekrankheit! Nur Machdochnix, hoch droben in der Mastspitze, zwickte ein bißchen der Bürzel. Denn da oben schauckelte es auch viel stärker, als drei Etagen tiefer. Er spähte und spähte, aber soweit das Auge reichte: Überall tanzten die gelben Wellengeister durcheinander und schienen sich dabei prächtig zu amüsieren. Ansonsten herrschte gähnende Leere. "Macht doch nix", murmelte Machdochnix und gähnte herzhaft. Er wurde müder und müder. So müde, bis ihm die Augen zufielen. Der Späher verfiel unfreiwillig in ein Nickerchen mit fatalen Folgen ...

Das Unheil nahte! Mäc Schrapp! Der blaue Pirat, der Schrecken der Meere! Ein Seeräuber, wie er im Buche stand! Ein echter Satansbraten, der schon gierig die Messer wetzte. Mäc Schrapp war ein echtes, leider oberböses Braveheart. Sonst besaß er alles, was einen echten Schotten auszeichnete. Er hatte einen feuerroten Kopf, kannte keine Angst, war mehr als trinkfest und noch geiziger als ein Sparschwein.

Wo immer Mäc Schrapp und seine Spießgesellen auftauchten, da stoben die Federn, da rollten die Köpfe, da brannte der Baum ... Schrapp`s berüchtigte Dschunke, die quittengelbe "Queen Mom" war pfeilschnell und der schwarze Piratenlappen mit dem "Dampfenden Broiler" kündigte das Grauen schon von weitem an. Eine

Mäc Schrapp

gruselige Visitenkarte!

Ahnungslos sangen unsere Freunde Seemannslieder, ließen die Hochseekühe hochleben und auf- und untertauchen. Alibert's Flöte glühte! Da hatte Mäc Schrapp leichtes Spiel. Die Enterhaken bohrten sich krachend in den Bambus! Das große Schnabelklappern begann ...

Und wäre nicht zufällig Onkel Dittmeyer, ein rastloser Getränkegroßhändler aus Bremerhaven mit seiner alten Kogge der "Valensina", vollbeladen mit "Vallerievallerum", einem äußerst vitaminhaltigen Fruchtsaftgetränk, daher gekommen, wer weiß, wie alles geendet hätte ...

Die Beute vor Augen, Onkel Dittmeyer im Rücken, plusterte sich Schrapp fürchterlich auf, schnitt grauenvolle Grimassen und fuchtelte furchterregend mit seinem Krummdolch in der Luft herum. Die Schnäbel klapperten, die Bürzel bebten! Alle hatten Schiss!

"Das dreckige Dutzend", Schrapp's Piratenkumpels, zwölf ungewaschene, stinkende Hängebauchschweine, sangen hämisch: "Lass den Kopf nicht hängen ... Schnipp Schnipp Schnapp". Alibert blickte nicht mehr durch, schnappte sich seine Flöte, wählte ein uralte hessische Jammerweise und die Nirwanakandidaten sangen mit zugeschnürten Kehlen:

"Heile, heile Gänschen, es wird schon widdaaa guuut
Die Schweine ham'n Kringelschwänzchen,
Heile, heile Gänschen, es wird schon widdaaa guuut
Heile, heile Schweinespeck ...

Trotz zugeschnürter Kehlen brauchte sich dieser Gefangenenchor nicht vor Nabucco, dem Großen Geist der Verzweifelten zu verstecken. Selbst die Piraten waren leicht gerührt! Zu dumm, das Machdochnix alles verpennt hatte ...

Aber beim "Heile, heile Schweinespeck" weiß der Himmel warum, war er plötzlich wieder hellwach und krähte aus dem dritten Stock: "Macht doch nix!" Mäc Schrapp und sein "Dreckiges Dutzend" waren verdutzt. Alles blickte nach oben ... In diesem Augenblick fuhren sämtliche Klostergeister von Meister Kioto in den bibbernden Bürzel seines Schülers hinein ...

Einem vulkanischen Energiestrom gleich entflammte sein kleines Kämpferherz: Brauchnix drehte durch! "Kung Fu" zuckte es durch seinen Entenschädel! Die Zauberformel für heiße Herzen und heiße Ohren. Brauchnix wurde zum Berserker. Er schlug um sich, hackte, pickte und drosch auf die Piratenbande ein. Keine dreißig Sekunden später war der Spuk vorbei! 13 kriminelle "Weltmeister" lagen stöhnend in sich verkeilt auf dem blanken Bambus. Die Piraten waren in einem grauenvollen Zustand. Sie wimmerten und jammerten um das Heil ihrer verdorbenen Seelen.

"Warum in die Ferne schweifen, wenn das Böse liegt zu Füßen", lachte Moosfeustel und rieb sich vergnügt die Krallen ... Das "Große Bürzelrupfen" und das beliebte "Bauchspeckklopfen" konnte beginnen. Eine grausame, aber gerechte Strafe. Da krachte es gewaltig! Onkel Dittmeyer und seine ächzende Valensina rauschten heran und zerstörten gnadenlos Queen Mom's Mythos der Unsinkbarkeit ... Böse blubbernd verschwand sie von der Bildfläche. Was übrigblieb, war nur ein Häufchen Seemannsgarn ...

Onkel Dittmeyer spendierte reichlich Tauwerk und zack zack waren die Piraten gefesselt. Jetzt war die alte Valensina hoffnungslos überladen. Platz für die tapferen Passagiere musste her! "Neun Fässer über Bord", wollte der Käptn schon befehlen, da durchzuckte ein teuflischer Plan sein listiges Hühnerhirn: "Nix über Bord! Aussaufen war viel besser! Keine Frage, das war Piratenarbeit ...

Mäc Schrapp bekam die absolute Höchststrafe: Drei Fässer ex und hopp! Der Rest war für die Schweinebande. Onkel Dittmeyer's

Onkel Dittmeyer

Vallerievallerum haute selbst die stärkste Ente um. Das war wie Gießkannenblasen und Korn saufen in einem. Nur schlimmer. Konzentriert und unverdünnt war es die Hölle. Eine Kalorienbombe mit verheerender Durchschlagskraft. Erst einmal im Darmgewirr angekommen, explodierte das Gebräu: Der Bauch blähte sich auf, wurde dick und dicker, die Augen quollen hervor, die Bürzel vibrierten ...

Bevor die Sauerei losging, schmiss man die "Abgefüllten" achtern über Bord: Das verhasste Kielholen begann. Umsonst schrien die armen Sünder noch lauthals: "Tötet Onkel Dittmeyer"! "Tötet Onkel Dittmeyer"!

24 Stunden später war das Gelbe Meer ziemlich braun und stank bestialisch. Das nannte man fortan "Onkel Dittmeyer's Rache" ... Die Christliche Seefahrt war schon immer ein raues Geschäft. Alibert besann sich als erster, griff zu seiner geliebten Flöte und schnürte sich flötenderweise ein Gutelaunepaket. Die Geretteten molken wieder fleißig die Hochseekühe, Onkel Dittmeyer gab ein "Sail away" zum Besten, spendierte zur Feier des Tages einen Kasten Beck's Alkoholfrei und Dauerlutscher bis zum Abwinken. Die Stimmung stieg, die Segel knatterten, die Luft frischte auf und unsere Helden waren wieder bester Dinge. Nur die Piraten bliesen Trübsal und fluchten vor sich hin.

Gleich bei der erstbesten einsamen Insel bekamen Mäc Schrapp und sein "Dreckiges Dutzend" das was sie verdient hatten: Sie wurden ausgesetzt. Ein bisschen Grießbrei, eine Rolle Klopapier, zwei Sack Hundefutter, drei Kilo Meisenringe, ein Päckchen Weingummi und sechs Fässer Vallerievallerum mussten fürs erste reichen.

Die Freunde sagten Tschüüs, verbrannten die pirateneigenen Seekarten und lichteten erleichtert den Anker. Erst Jahre später erzählten alte Seebären die Geschichte der unfreiwilligen Insulaner zu Ende ...

Das damals trostlose, unfruchtbare Eiland verwandelte sich im

Laufe der Zeit in einen blühenden Obstgarten. Voll fett mit Vallerie-vallerum durchgedüngt erzielte die Schweinebande erstaunliche Rekordernten und trotzte so erfolgreich dem gefürchteten Skorbut. Mäc Schrapp hingegen pflanzte missmutig zahlreiche Gummibäumchen, hielt nach langem übellaunigen Ausharren reiche Ernte und bastelte sich ein Gummiboot und verschwand auf nimmerwiedersehen ...

Durch seine unheilvolle Bekanntschaft mit Onkel Dittmeyer's Kalorienbombe war aus dem einst recht schlanken Bürschchen ein gewaltiger Dickwanst geworden. Nach seiner Flucht strandete er an Japans Südküste und startete dort eine Karriere als Sumoringer! Er wurde ein gefeierter Yokuzuna - ein Großmeister - im Superschwergewicht und nannte sich sinnigerweise "Kamikaze Schrapp". Schrapp wurde wieder stinkereich. Nur sein Bürzel blieb für immer kahl.

Unglücklicherweise spielten seine Wadenbeinköpfchen schließlich nicht mehr mit. Durch die Dittmeyersche Adipositas gepeinigt entzündeten sie sich und streikten. Die Fans ließen den Yokuzuna fallen wie ein zu heißes Reisbällchen ...
Notgedrungen macht er eine Hungerkur, hielt sich mit dem Verkauf von körpereigenen Halsfederschmuck über Wasser und wurde ein Yakuza Gangster.

Fortan nannte er sich Mäc Schrapp der Schrappige, machte wieder eine Menge Kohle und erlag vier Jahre später beim Geldzählen einem klassischen Japsmaha - einem japanischen Herzkasper.
Seine letzten überlieferten Worte waren: Moschi Moschi - Hitta Hitta - Naninani? Was soviel heißt wie: Moin Moin - Aua Aua - Was soll das?

Die Reise neigte sich dem Ende zu! Wohlgelaunt durchpflügte die alte Valensina das Chinesische Meer. Die Takelage knarrte, die Segel knatterten und die Masten standen wie eine Eins. Das Ziel vor Augen jagte ein Knoten den anderen ...

Onkel Dittmeyer's Ziel hieß Pattaya am "Strand der Guten

Königin Gummiflummi I.

Hoffnung". Pattaya war reich an gemütlichen Parks und auch sonst nicht von schlechten Eltern... Die Einheimischen liebten das süße Leben und alles was dazu gehörte: Jubel, Trubel, Heiterkeit hatten sie sich auf ihre Fahnen geschrieben. Federführend bei soviel asiatischer Lebensfreude war Pattayas Königin Frollein Gummiflummi I., eine etwas diplomatisch gesprochen, dickliche Person mit extravaganten Neigungen: Als erstes Huhn überhaupt, glänzte sie allzugern mit ihrem selbstkreierten Lippenstift und trug denselben allzugern dick auf.

Die Pattayaner, das glückliche Volk , wie sie sich gern selbst nannten, liebten ihre Königin über alles! So sehr, das sie ihr königliches Übergewicht täglich freiwillig durch die Gegend schleppten. Mal in einer prunkvollen Sänfte, bald in ihrem Mama Mobil, das dann ausnahmsweise von bunt herausgeputzten Elefanten gezogen wurde. Mit glühender Leidenschaft förderte sie die schönen Künste. Ihr Herz entflammte für den lieblichen Sing Sang, die heitere Dichtkunst, das Sprechtheater und für Lateinamerikanische Tänze aller Art. Besonders am Herzen lagen ihr die Fremdlinge: "Die Ausländer", die Paradiesvögel, die zum Träumen einluden, oder zum besinnlichen Nachdenken. Je nachdem, was die drauf hatten! Sie spendierte ihren "Ausländern" Stipendien und führte sogar eine Künstlersozialversicherung ein, damit niemand am Hungertuche nagen musste. Pattaya war das Schlaraffenland für alle Künstler ... Viele blieben für immer. Frollein Gummiflummi I. war die Muse der Erleuchteten. Mildherzig und erfrischend großzügig ...

Dieses Pattaya sollte auch Onkel Dittmeyer's Schlaraffenland werden. Marktlückentechnisch gesehen. Hier plante der hanseatische Saftmogul den Coup seines Lebens. Pattaya hatte er auserkoren, die asiatische Schaltzentrale seines Saftimperiums zu werden. Von hier aus wollte Onkelchen ganz Indochina mit seinem Vallerievallerum überschwemmen. Die Küste nahte , die Spannung stieg ...

Plötzlich krähte es aus dem Großmastkorb heraus:

"Op Backbord steiht dat rote Licht
Op Stüerbord dat gruen
We dat nicht weet, den schall man glieks
Dat Achterdeel verbläun!"

Machdochnix hopste in die Wanten und schrie aus Leibeskräften: "Land in Sicht!" Vor ihren Augen lag der traumhaft weiße Strand von Pattaya. Dicht gedrängt stand knöcheltief im heißen Sand die komplette Avantgarde der internationalen Kunstbiennale. Alles was Rang und Namen hatte war angereist. Ob zu Fuß, mit dem Trampeltier oder mit den Monsunwinden. Beim Großen Pooark! Potz Blitz! Dreimal kahlrasierter Bürzel! Das waren doch .... Bismarck das alte Trampeltier, Eugen Blau, Astrid Kinderlieb, Roberto Remmi Demmi, Guru Niewahrnarr und der dicke Bosscuse. Nur Nanünana fehlte ....Sie war unterwegs in einem Dornbusch hängengeblieben und litt nun unter einer starken Häutung. Totales Reiseverbot! Dr. Marabu hatte sie krankgeschrieben. Gute Besserung altes Haus.

Unsere Freunde dankten inbrünstig dem Großen Pooark für seine unendliche Güte, der alten Valensina für ihr Stehvermögen, sanken auf die Knie, küssten die Planken, und sangen demütig: "Oh happy day ..."

Sie sprangen mit einem ausgelassenen Huppsala ins knietiefe Wasser, watschelten an Land, breiteten die Flügel aus, herzten, knufften und küssten sich und quakten aufgeregt durcheinander. So manche Träne der Rührung kullerte über die Backen und verdampfte schluchzend im heißen Sand. Eugen Blau blinzelte Bismarck zu, schmunzelte und steckte sich die erste Havanna des Tages an. Eugen musste neuerdings rauchmäßig etwas kürzer treten. Die Bronchien waren schuld. Armer Eugen! „Joa, mai sakkra Kruzitürken", grummelte er und ließ die Havanna von links nach rechts und wieder zurückrollen. Klemmte sie in die äußerste rechte Schnabelecke und ließ sie wie immer genüsslich auswippen.

Nach und nach füllte sich der Strand: Troubadoure, Hochstapler, Schauspieler, Possenreißer, Taschendiebe, Sänger, Dichter aus aller Herren Länder machten Pattaya zum Tollhaus. Die 1. Internationale Kunstbiennale der Urzeit stand kurz vor ihrer Premiere. Dem Sieger winkte der "Der Goldene Lillerich", ein lila Elchkälbchen mit goldenen Schäufelchen. Gestaltet von keinem geringeren als Professor Kupferli, aus dem Land in dem die Kühe Polka tanzen, auf dem Alphorn blasen und kecken Euterschmuck tragen. Professor Kupferli's "Goldener Lillerich" war ein Ansporn für die Phantasie und Schaffenskraft, der Traum aller Künstler.

Auch Eduard Moosfeustel-Glücksklee schöpfte wieder aus der unendlichen Tiefe seines großen Hühnerherzens. Seine neuesten Kreationen waren wahre Gedichte! Träume aus Wolken, Samt und Seide. Für diesen charmanten Plauderer mit seiner blumenreichen Sprache und etwas nuscheligen Zunge, war nur stets das Beste gut genug. Eduards Ruf war auch ihrer Hoheit Königin Gummiflummi I. zu Ohren gekommen. Kurzerhand bestellte sie den Meister in ihren Palast, trank zwei Likörchen mit dem Modezaren und orderte verzückt ein Premierenensemble mit echten Perlmuttknöpfen. Moosfeustel war wieder en vogue. Innerhalb von nur sieben Stunden machte er das Unmögliche wahr: Das kostbarste Premierengalakleid das die Vogelwelt je gesehen hatte.

Beglückt nannte der Meister Eduard seinen neuen Stil: Pooark Portier! Eine Hommage an den Großen Pooark, der ihm wieder eine Salontür mehr geöffnet hatte. War Moosfeustel - Glücksklee etwa schon der neue Preisträger?

Zu den illustren Gästen gehörte auch ein arabischer Sandsturmfalke aus dem Oman. Ein gewisser Scheich Faisal Ibn Qual Dezimal.

Scheich Qual Dezimal

Ein Rechenkünstler! Er verblüffte die staunende Menge mit allerlei riskanten Zahlenspielen. Der Scheich zerlegte Brüche, übte sich im Wurzelziehen, machte in Promille und lobte das Dezimalsystem mit leuchtenden Augen. Daheim im Oman war er ein Star, aber hier musste er noch kleine Brötchen backen, denn die Pattayaner konnten nur bis Drei zählen ...

Aber der Scheich, selbstzufrieden wie er war, blieb davon unberührt. Er lebte nach dem Motto: "Sandstürme kommen - Sandstürme gehen ... das Dezimalsystem bleibt ewig bestehen!"

Verborgen im Gedrängel hielt sich ein Geiergesicht auf: Dr. Krankenschein! Ein übles Subjekt! Nicht das Geier im Allgemeinen einen schlechten Charakter hätten, aber hier traf es zu. Dr. Krankenschein ein österreichischer Langhalsgeier studierte Medizin und wurde Chirurg. Gleich am ersten Tag schnitt er im OP voll daneben, verwechselte den linken mit dem rechten Flügel und flog aus dem Krankenhaus. Seitdem gab er sich als Facharzt für Bürzelleiden aus und wirkte dabei sehr überzeugend. Charmant bis in die Geierknochen scharwenzelte er umher grüßte galant die Damenwelt und küsste so ziemlich jeden Flügel, der ihm vor den Schnabel kam. "Küss den Flügel, gnädige Frau" war sein Lieblingsspruch! Damit kriegte er sie alle rum. Der erfolglose Mediziner aus Salzburger Tagen war zum miesen Taschendieb verkommen. Er log seinen Opfern die Jacke voll und leerte ihnen die Taschen.

Bosscuse hatte unverhofft einen Karrieresprung ganz anderer Art gemacht ... Frollein Gummiflummi I. hatte ihn zu ihrem persönlichen Leibkoch ernannt. Der Carcassonnier platzte beinah vor Stolz. Seine Nouvelle Cuisine auf königlicher Zunge. Welch eine Gnade. Er hatte gleich zu Anfang eine Spargelsüpp mit Sahnehäubchen und einer Prise Schnittlauch kredenzt, die den hochwohlgeborenen Gaumen mehr als entzückte. Zum Nachtisch servierte der Maitre eisgekühlte Stachelbeerhonigmelone im Muschelschälchen. Bosscuse ertrank fast im Beifallssturm! Er wirbelte wie in seinen besten Tagen, scheuerte Kupferkessel, schnitzte stabile Holzlöffel für Ühnersüpp-vandalen, stapelte haufenweise Brennholz, kam mächtig ins Schwitzen und fühlte sich sauwohl dabei. Ein beneidenswerter Zeitgenosse! Sein dröhnendes "La Mere La Mere extra ordinär" schwängerte die Luft. Was wollte er noch mehr? Liebäugelte Bosscuse auch mit dem "Goldenen Lillerich"?

Auch Roberto Remmi Demmi hatte sich überhaupt nicht verändert: Die gleichen Sprüche wie immer, dasselbe Torerojäckchen und immer gut drauf. Nur eines war anders: Roberto nannte sich jetzt Frankie Huhnatra die goldene Stimme der Heiterkeit. Frankie lud die alten Freunde in das königliche Festzelt ein und präsentierte den Erwartungsfrohen ganz privat seinen neuesten Hit: " Körner aus Amsterdam". Frankie zupfte kurz an seiner Stierkampfjacke pumpte dreimal kurz durch und ließ sein Zwerchfell schwingen ...

" Wenn der Sommer kommt
Die Gerste blüht
Dann schick ich dir ...
Körner aus Amsterdam
Tausend Grüne tausend Gelbe
Alle sagen Dir dasselbe
Was mein Schnabel
Nicht sagen kann
Sagen Dir Körner aus Amsterdam ..."

Dann folgte noch nahtlos

" Man müsste nochmals Küken sein,
so flauschig weich wie damals"

und schon hakte sich alles unter und schunkelte im Takt. Wahrhaftig auch Roberto hatte sich entwickelt. Die Freunde überschütteten Frankie mit einem Füllhorn des Lobes, wünschten Toi Toi Toi und machten sich auf den Weg zurück zum Strand. In 15 Minuten begann schon Frankie Huhnatras großer Auftritt. Pünktlich und ohne Starallüren stand Frankie Boy im gleißenden Lichtkegel und präsentierte sein "Amsterdam". Der Erfolg war überwältigend. Man kam sich näher, schunkelte oder wagte ein Tänzchen zu zweit. Schließlich wollte an diesem Abend kein Federwesen alleine bleiben. Frankies nächster Beitrag hieß schlicht und ergreifend ...

Klopapier

Klopapier, Klopapier
Bürzel brauchen Klopapier
Meistens hängt es neben Dir
Wehe Dir, wehe Dir
Wenn Dir fehlt das Klopapier
Gäbst Du ein ganzes Königreich
für ein Stücksken Klopapier

Und jetzt alle ...

Klopapier Klopapier
Bürzel brauchen Klopapier
Und auch zum Schnabelputzen
Kann man es benutzen ...

Das war der Hammer! Alle waren aus dem Häuschen. Selbst Frollein Gummiflummi konnte sich ein Bravo Bravo nicht verkneifen. Dieser Frankie war echt Spitze, aber gleich das "ganze Königreich" herzugeben erschien ihr doch zu kühn. Frankie schlug leisere Töne an, sang "Broiler ziehen durch die Nacht, "Gänschenklein ging allein" und zum krönenden Abschluss: "Kann denn Bürzeln Sünde sein ...?"

Für einen Moment herrschte atemlose Stille, dann brach frenetischer Beifall los und alles skandierte Zugabe, Zugabe, Zugabe....

Frankie ließ sich nicht nur dreimal bitten! Er tupfte sich lässig den Schweiß von der Stirn, öffnete sein Torerojäckchen, ließ seine Hühnerbrust auf- und niederhüpfen, zuckte lasziv mit den Hüften und setzte noch einen oben drauf. Einige ältere Hühnerdamen suchten Zuflucht in der Ohnmacht, als er sein Sahnehäubchen anstimmte

Hossa Hossa legte Frankie los ...

Zicke Zacke Zicke Zacke
Ich alleine - Du alleine
Tanzen soll`n die die Vogelbeine
Zicke Zacke Zicke Zacke
Nicht ein Bürzel bleibt alleine
Wirbeln soll`n die Vogelbeine

und jetzt alle ...

Hossa Hossa ...

Zicke Zacke Zicke Zacke
Ich alleine - Du alleine ...

Sogar der fiese Dr. Krankenschein blühte kurzfristig auf. Alibert konnte sich nicht mehr beherrschen. Mit einem Satz sprang er auf die Bühne, schwenkte wie irre seine heißgeliebte Flöte über dem Kopf und schrie aus Leibeskräften: " Einmal hin und einmal her, Samba tanzen ist nicht schwer!"

Mit dem "dampfenden Eugen" zwischen den Höckern, setzte sich Bismarck an die Spitze der dollsten Polonaise, die Indochina je gesehen hatte und trampelte mit schaukelnden Sambaschritten voran und bei jedem Zicke Zacke schwenkte er ausgelassen sein dickes Hinterteil ...

Es wurde Pattayas längste Nacht! Die enthemmten Huhnatra Fans sangen grölend im Chor: "In Pattaya sind die Nächte lang" ...
Wo sollte das nur hinführen? Gehörte doch der morgige Abend allein der Dichtkunst und den leisen Tönen. Würde man dafür noch empfänglich sein? Man war es! Nach der durchtanzten Nacht kam der milde Sommerabend des nächsten Tages sehr gelegen. Die Strapazen waren vergessen, die Lebensgeister wieder frisch.
Frollein Gummiflummi I. eröffnete mit einigen freundlichen Worten die Gala des "Wohlfeilen Wortes"...

Den Anfang machte das Oldenburger Deichtheater mit dem Lustspiel "Die Wattwürmer von Cuxhaven", Ein plattdeutscher Einakter, der nur verhaltenen Beifall fand. Platt snacken konnte nur Onkel Dittmeyer. Der Rest verstand nur Bahnhof. Das bittere Urteil der Jury war deprimierend: Das war zu platt! Die Oldenburger hatten ihren Lillerich im wahrsten Sinne des Wortes in den Sand gesetzt. Einige der Deerns heulten Rotz und Wasser ...

Die Darbietungen plätscherten dahin. Abenteuerliche Verse, Schüttelreime und die verwirrtesten Poesien ernteten neben viel Kopfschütteln immer wieder auch den Flügelschlag höflicher Anerkennung. Zum Höhepunkt des Abends wurde jedoch der Auftritt des allseits geschätzten Ehrengastes: Eugen Blau, der Altmeister des geschliffenen Wortes, gab 33 Gedichte zum Besten, ein Querschnitt seines poetischen Schaffens. Die gespannte Aufmerksamkeit und der Beifall seiner Zuhörer nötigten ihm sogar eine Zugabe ab. Das Blumenbeet! Eine Hommage an seinen Lebensgefährten Bismarck ...

Das Blumenbeet

Es sprach die Mutter Trampeltier
Zu ihrer kleinen Kinderschar
Es wird nicht rumgetrampelt hier!
Denn wir sind heute Gäste hier
Drum wünsch ich mir
Aus eurer Kinderstube
Nur das Beste ...
Und das da ist eine Blumenbeet.
Doch leider war es schon zu spät
Die schönen Blumen auf den Beeten
Die waren leider längst zertreten
Da nahte Bismarck in Person,
Des Hauses Herr und sein Patron
Und seufzte tief: Das kenn ich schon ...
Jedes Jahr zu meiner Fete
Zertrampelt ihr mir meine Beete
Die ganze schöne Blumenpracht
Wird von euch Trampeln platt gemacht
Da flossen Tränen bei den Kleinen
Sie fingen schrecklich an zu weinen
Wie milde da der Hausherr spricht:
Bitte Kinder weint doch nicht
Den leckeren Kuchen woll`n wir essen
Und das Getrampel schnell vergessen ...

Der Goldene Lillerich

Im Stillen denkt er vor sich hin
Das gibt doch alles keinen Sinn
Fürs nächste Jahr pflanz ich Kakteen
dann werden wir schon weitersehen ...

Trefflich! Das war eine Meisterwerk! Beifall prasselte auf den Altmeister der Sprechkunst herein. Eugen Blau war stolz und glücklich. Bismarck sichtlich gerührt. Keine Frage, das war ganz große Kunst. Doch das Publikum gab keine Ruhe. Wie gestern Nacht beim legendären Huhnatra Konzert forderten es lauthals: Da Capo Da Capo! Der Lillerich winkte! Eugen juckte der Bürzel ... Atemlose Stille erhöhte die Spannung! Da öffnete der Meister endlich wieder den Schnabel ...

Zwerg Nase

Jungfrau Lotte Freihühnchen vom Körnerberg
War sehr verliebt in einen Zwerg
Mit einer großen Nase
Die rieb er mit Ekstase
Wenn sie sich nicht mehr küssten
An ihren prallen Brüsten
Und wenn er ihr die Brüste rieb
Lotte sprach, Du bist sehr lieb
Wie ist das schön so rief er
Doch sie stöhnt, "Komm noch tiefer
Auch ohne Dein Zwergendingen
Wird es Dir dann gelingen
Mein Liebster das ich rase!"
So riesig war die Nase!

93

Zumindestens die Gockel und Hähne kugelten sich vor Lachen und grölten Eugen, Eugen, Eugen! Es war fast wie seinerzeit im "Lüsternen Ochsen", dem bekanntesten Dorfkrug Unterbayerns. Eugen strahlte über alle Backen und winkte ausgelassen ins Publikum. Da gellten ihm Buhrufe und Pfiffe entgegen: Die Damenwelt war entsetzt! "Unglaublich! Entsetzlich! Grässlich!" entfuhr es Frollein Gummiflummis königlichem Schnabel. Die ersten frischen Eier verfehlten nur ganz knapp Eugens dicken Entenschädel. Bismarck schirmte den „schlüpfrigen" Eugen mit seiner Leibesfülle ab und bewahrte ihn vor weiterem Unheil. Hastig räumten sie die Bühne und verdrückten sich im Schutze der Dunkelheit. Bismarck tröstete den Missverstandenen nur unzureichend mit einem Sinnspruch aus der Inneren Mongolei: "Mach es wie die Eieruhr, zähl die heiteren Stunden nur!" Eugens Bedarf an Eiern war fürs erste gedeckt! Den "Goldenen Lillerich" greifbar vor Augen, war er ihm doch noch in allerletzter Sekunde wieder entglittten. Er schwor sich ein für alle mal im Kreise der holden Weiblichkeit den Schnabel zu halten, zumindest, wenn es um den erotischen Teil seines Schaffens ging ...

Einer der Anwesenden, hatte nicht mitgegrölt, nicht getanzt oder irgendwelches Gesabbel von sich gegeben. Dieses Bussi hier und Bussi da war ihm zuwider. Peinliches Getue nannte er dies verächtlich. Eines wahren Meisters nicht würdig! Versonnen saß Guru Niewahrnarrr unter einem Sonnensegel, summte entrückt ein Ooohhmmm nach dem anderen und baute frische Tüten. Und was für welche! 16-blättrige Gigantinos, wie er seine neue "Wunderwaffe der Erleuchtung" nannte. Ein zweites Westerwalddebakel durfte es nicht geben. Ein ganzes Tagewerk lag ihm zu Füßen. Das mußte reichen! Sechsunddreißig stramme Gigantinos warteten auf ihren Einsatz. Aufgebockt auf kleine selbstgebastelte Stützlafetten ergab das Tütenensemble ein malerisches Bild. Der erleuchtete Meister selbst nannte diese sonderbaren Gebilde: "Dotter Dotter`s Dotterpfeifen.

Das war die hohe Schule der Tütenarchitektur! Heute Nacht würde er - Guru Niewahrnarr - Vater aller Gigantinos, seine Tüten der Erleuchtung entzünden und Meister Dotter Dotter`s Traum erfüllen. Hier am Strand von Pattaya würden sich die gebündelten Ooohhhmmm`schen Energien positiv entfalten ...

Keiner Geringeren als Astrid Kinderlieb war die große Ehre der letzten Sprechung des Abends zuteil geworden. Die Wogen der Entrüstung hatten sich geglättet. Es konnte endlich weitergehen: Bühne frei für Astrid Kinderlieb.

Astrid wurde standesgemäß auf einer stabilen Sänfte hereingetragen. Ein weiches Kissen mehr wurde gereicht und sie drückte ihr üppiges Hinterteil in die seidenweiche Kissenlandschaft, bis es ihr bequem genug erschien.

Ein offener Blick in die Runde und sie ergriff das Wort: "Nicht allen Wesen geht es gut!" Stummes Kopfnicken ersetzte den Beifall. Es wurde mucksmäuschenstill ...

"Danken wir dem Großen Pooark für seine unendliche Güte und die Gnade der Sorglosigkeit. Danken wir auch unserer Gönnerin Königin Gummiflummi I für ihre großzügige Gastfreundschaft und gedenken wir derer unter uns , die Trauer und Wehmut im Herzen tragen". Nach einem kurzen Räuspern begann sie ihre Geschichte vorzutragen ...

Das Märchen vom Märchen das keines war, denn dieses Märchen das ist wahr!

Der alte Elch

Schauen Sie, sprach der alte Elch
Der letzte würdige Vertreter des hohen Nordens
Schüttelte seine mächtigen Schaufeln
Und seufzte

Er fühlte sich einsam
Eigentlich kein Grund zum Klagen
Die Einsamkeit begleitete ihn schon
Seit Mutter Elch ihn nicht mehr säugte
Sie hatte ihn gelehrt
Selbst Bruder Bär zu beeindrucken
Um ihn zu endlosen Gesprächen zu verführen
Aber seit Bruder Bär sterben musste
War es still geworden im weiten Weiß
Der alte Elch ließ noch einmal
Seine gewaltige Stimme
Im klirrend kalten Wintermorgen erschallen
Ein König der seines Gleichen nicht fand
Hatte nur noch den einen Wunsch
Das das weiße Tuch der Tundra ihn bedecke

Das Publikum war ergriffen! Kein Flügel regte sich! Tränen flossen! Betroffenheit machte sich breit. Selbst Dr. Krankenschein fühlte sich elend ...

So wollte Astrid Kinderlieb ihre Zuhörer aber nicht entlassen. Sie wibbelte kurz in ihren kuscheligen Seidenkissen rum und fuhr fort ...

"Und wie so oft ging die stille Elchkuh abseits der anderen Waldbewohner. Heute fühlte sie sich besonders alleine. Auch die Sonne, die das Eis für sie glitzern ließ, genoss sie nur mit halber Freude. Sie sehnte sich nach einem Elch, der sie verstand und mit dem sie ihre Träume teilen konnte ...

Plötzlich geschah etwas, das ihr Leben verändern sollte. Sie vernahm einen schaurig schönen Schrei, voll unendlicher Sehnsucht und schmerzvoller Einsamkeit.

Ein Ruf nach Erlösung. Mit aufgewühltem Herzen ging sie

diesem Ruf nach. Als sie den Elch kalt und entkräftet unter einer Schneewehe fand, stieß sie einen Schrei des Entsetzens aus. Mit letzter Kraft öffnete der alte Elch noch einmal die Augen. Sie pustete den tödlichen Schnee von seiner Seele und leckte das Eis von seinem Herzen. Beide weinten und spürten, das sie endlich zuhause waren."

Die Herzen pochten. Es vergingen lange Sekunden ...
Astrid Kinderlieb, die große alte Dame der Erzählkunst hatte ein Zeichen gesetzt. Liebet eueren Nächsten! Das war ihre Botschaft. War das der unüberbietbare Höhepunkt des Festivals?

Aber ein wichtiges Ereignis stand noch ins Haus ... Unterstützt von einigen Hundert leicht bedröhnten Glühwürmchen, die glänzend bei Laune waren, verkündigte Guru Niewahrnarr erwartungsvoll sein Manifest des "Guten Willens"

> Der gefiederte Zweibeiner, ob zu Wasser,
> zu Lande oder zur Luft, sollte sich
> allzeit die Freiheit gönnen sein Hirn
> zu beanspruchen ...
> Wir Vögel sollten den Mut aufbringen
> die Droge Phantasie zu gebrauchen
> Baut sie an die Pflanze der Weisheit,
> hegt sie, pflegt sie, pflückt sie
> bröselt sie, röstet sie, raucht sie
> Den Rauch sollt ihr genießen
> dann wird der Geist schon sprießen ...
>
> Ooohhhmmm Ooohhhmmm Ooohhhmmm

Das waren keine leeren Versprechungen! Auch wenn hinterher der ein oder andere "Erleuchtete" unfreiwillig in den Zug nach Irrgistan stieg. Irrgistan war ein Sackbahnhof ohne Rückfahrkartenschalter.

Im sanften Scheinwerferlicht, regelrecht schlank geleuchtet, saß Guru Niewahrnarr auf seinem Hanfsack, zog genüsslich an einem bunt bemalten Piccolino und hüllte sich in Rauch und Schweigen ...

Daaa ... der Meister öffnete seinen göttlichen Schnabel, pumpte sich mit reichlich Frischluft voll und dann passierte es: Das Ooohhhmmm der Ooohhhmmm's erschallte .... Zuerst war es wie ein leichter Windhauch, doch dann nahm es nach und nach fast Orkanstärke an. Die unwissende Menge deren Augen wie Glühbirnen leuchteten ooohhhmmmten wie aus einer Kehle. Immer neue positive Energieströme drangen in die Erwartungsvollen ein. Tausende federleichte Oberkörper wiegten sich in Trance, hakten sich unter und strahlten verzückt um die Wette. Ein friedliches Bild schunkelnder Vogelwesen, die zu schweben schienen ...

Die Pupillen wurden größer und größer, kringelten sich und leichtes Ohrensausen übertönte das endlose Wellenspiel der nahen Brandung. Einige kippten hintenüber und stellten kurzfristig die Atmung ein. Es lief perfekt!

Jetzt nahm Niewahrnarr den Seinen das Rauchgelübte ab. Die 16-blättrigen Dotter Dotter Dotterpfeifen wurden enthüllt. 36 Gigantinos lagen wie überdimensionale Alphörner verführerisch auf ihren Bambuslafetten. Guru Niewahrnarr murmelte ausnahmsweise ein dreifaches „Zicke Zacke Hühnerkacke, dreimal feuchter Pups aus kahlrasiertem Bürzel" und entzündete das Feuer der Erleuchtung ...

36 Gigantinos dampften auf einmal los und der Flugverkehr in und um Pattaya musste eingestellt werden. Willenlos watschelten und stolperten Niewahrnarr`s Jünger auf die Gigantinos zu und befolgten des Meisters Willen. Jeder durfte dreimal ziehen! Das müsste reichen! Es reichte allemal! Die gierigsten der Gierhälse bekamen

durch die Bank eine Gänsehaut vom allerfeinsten, den arktischen Pinguinschüttelfrost, heftige Gleichgewichtsstörungen und jede Menge Kirmes im Kopf ... Die Sensibelsten traf es zuerst! Alles japste verzweifelt nach Luft und klagte über ausgedörrte Hälse und bleischwere Zungen . Ein Hauch von Westerwald wehte über den Strand ...

Schon machten die Ersten schlapp, streckten ihre Flügel von sich und ihre Beine ragten steif in den sternenklaren Himmel. "Das wird schon wieder", murmelte Niewahrnarr. Der harte Kern, die zähesten der Zähen, hielt durch. Das war Onkel Dittmeyer`s große Stunde: Listig wie immer, hatte der alte Haudegen tagsüber für reichlich frisches Quellwasser gesorgt. Er allein hatte den "Braten" gerochen! Flinken Flügels verdünnte er sein Fruchtsaftkonzentrat im Verhältnis 1:9 und schüttelte alles gut durch. Das erste Glas original Dittmeyersches Vallerievallerum auf asiatischem Boden gebührte Frollein Gummiflummi I. Denn auch die Königin hatte sich auf ihre alten Tage ein Zügsken vom Kraut der Weisheit gegönnt. Ihre königliche Hühnerkehle glich einem ausgedörrten Flussbett. Dankend nahm sie an. "Voila! Delicieux! Cher chere!" trällerte sie verzückt. "Was für ein köstliches Nass!" fügte sie hinzu und knuffte Onkel Dittmeyer kühn in die Seite ...

Pattaya war erobert! Es war ein richtiges „Joint Venture" geworden. Im wahrsten Sinne des Wortes. Eines das den Durst löschte und die Taschen füllte.

Während Hühnersanitäter und freiwillige Schwestern vom Orden der Barmherzigen Hennen den Ohnmächtigen selbstlos Unmengen von Vallerievallerum einflößten, entspannte sich die Lage. Fast alle kamen wieder auf die Füße. Und so war Guru Niewahrnarr`s Gemeinde schon bald wieder komplett.

Karin und Alibert hatten aus protokollarischen Gründen nur kurz an einem der Gigantinos genuckelt. Nur ihre ihnen angeborene Bescheidenheit bewahrte die Beiden, bis auf ein kleines Hüsterchen, vor dem Daua Aua der leidtragenden Mehrzahl. Doch die Unwissenden waren schon den ersten Schritt in die richtige Richtung gegangen. Jetzt sollten die Kühnsten der Kühnen belohnt werden.

Niewahrnarr schlug den großen Gong der Aufmerksamkeit um sich wieder Gehör zu verschaffen. Der Meister murmelte schnell noch ein Zicke Zacke ... mehr und ergriff erneut das Wort: "Alle mal herhören! Auch die, die schwerhören! Wir brauchen drei Freiwillige, die bereit sind ihr Leben zu verändern! Alle schauten sich verdutzt an. Denn nie zuvor in ihrem Leben war es Ihnen besser gegangen als heute. Was sollten sie jetzt ändern? Tat das Not?

Gleich neben der Bühne hinter dem großen Gong standen einige seltsame Gestalten, die die Frage aller Fragen gar nicht mitbekommen hatten. Das Ding Dong des Gongs hatte so sehr ihre Ohren betäubt, das sie die Lage völlig falsch einschätzten und in den irrigen Glauben verfielen, es gäbe etwas umsonst ...

Sie rissen die Flügel hoch brüllten hier, krabbelten auf die Bühne und glotzen ins Publikum. Es waren Dr. Krankenschein und die Quarkright Family ...

Die Quarkright's waren Highländer. Uralter Landadel aus den Klüften des schottischen Berglandes. Echte Braveheart's. Der Chef des Clans war Papa McGack, der Vogel der Geborgenheit. Ihm zur Seite standen seine drei mißratenen Söhne: Earl, Lord und Duke. Seit ihre Mütter nicht mehr lebten, ging es mit ihnen bergab. McGack versuchte sich als alleinerziehender Vater. Seinerzeit, als die Familie noch das war, wovon jeder Clanchef träumte, waren sie die Stars der Manegen. Von den schottischen Hochmooren bis Südwales war ihnen kein Jahrmarkt fremd. Unglücklicherweise ereilte seine drei Gattinnen kurz hintereinander der plötzliche Hühnertod...

McGack war Messerwerfer! Alle McGack's waren Messerwerfer gewesen! Ausgestattet mit einem zitterfreien Flügel hatten sie seit Generationen ihr Publikum in Begeisterungstaumel versetzt. Nur

Die Quarkright's

wenn es draußen blitzte und donnerte waren die Vorstellungen eine einzige Katastrophe ...

Dann zitterte der sonst so sichere Flügel. Nur einmal kurz gewackelt und ein Hühnerherz verstummte für immer. Das konnte passieren! Aber gleich dreimal? Ihre Karriere zerplatzte wie eine Seifenblase. Verzweifelt zogen sich die vier Unglücksraben auf das Festland zurück und nannten sich die "Vier Dösköppe".

Während die kleinen Dösköppe mit 36 Straußeneiern auf einmal jonglierten und dümmliche Lieder sangen und kleinere Steppeinlagen darboten, fraß ihr Papa schnabelknirschend eimerweise schrottige Nägel und kleingeknabberte Glasscherben. Diese Auftritte ernährten den Clan mehr recht als schlecht.

Niewahrnarr zeigte sich von dieser Lebensbeichte mehr als beeindruckt. Er bekam einen dicken Kloß im Hals, fing sich aber sofort und hatte blitzschnell wieder alles im Griff. "Wollt ihr bereuen? Wollt ihr ein neues Leben beginnen?" Stumm mit wässrigen Augen und vom Hanfkraut geläutert nickten die vier Possenreißer und hauchten mit tränenerstickter Stimme: "Yes, Sir!"

Der Meister hatte sie aus aus dem Tal der Dunkelheit herausgeführt, ihre Herzen rein gewaschen und schickte die schwarzen Wolken der Vergangenheit wieder dahin, wo sie hingehörten: In das wolkenverhangene nebelige Schottland ihrer Vorfahren! Für ihren Mut und ihre Demut verlieh Guru Niewahrnarr, gestärkt durch Meister Dotter Dotter's Segen aus dem Nirwarna Papa McGack zwei zitterfreie Flügel auf Lebenszeit. Obendrein versprach er ihm bei guter Führung drei neue Hühnerfrauen und acht höllisch scharfe Messer aus garantiert rostfreiem Solinger Edelstahl. Hocherfreut legte McGack spontan seinen besudelten Schottennamen ab und nannte sich von nun an: "Baba McKnife".

Die "Kleinen Dösköppe" gingen fortan ihre eigenen Wege. Der Älteste wurde Spielbankdirektor auf den Samoainseln. Der Zweitälteste Filialleiter einer Käseklopskette auf Papua Neuguinea und der Jüngste Pausenclown im Mongolischen Staatszirkus. Ihren Vater sahen sie nie wieder...

Nun ging es aber Dr. Krankenschein an den Kragen! Das Böse in ihm sackte zusammen. Jetzt oder nie, raunte sein schlechtes Gewissen. Seine Knie wurden weich, der skrupellose Taschendieb sank auf die Bühnenbretter, bereute bitterlich und leerte schluchzend seine vollgestopften Taschen. Das ganze Diebesgut fiel scheppernd in den Bühnenstaub.

Alle Vogelgesichter wurden leichenblass! Iggittegittegack schrieen sie entsetzt! Schande, Schande dreimal üble Schande skandierten sie und ihre Flügelspitzen zeigten gnadenlos in den Sand. Diebstahl war das übelste Verbrechen unter zivilisierten Federwesen. Iggittegittegack! Pfui Deubel! Die bedröhnte Menge forderte die absolute Höchststrafe: Federnrupfen! Grausam schien die Stimmung zu kippen ...

Wie David musste Niewahrnarr gegen einen Goliath der Rache kämpfen. Zum ersten Mal in seinem Leben als Guru brüllte er gegen eine johlende Meute an:"Zicke Zacke Hühnerkacke", schrie er aus Leibeskräften! Schlagartig kehrte Ruhe ein. Man hätte leicht Moosfeustel's Stecknadel fallen hören können. "Liebe Freunde! Liebe Jünger! Wollt ihr rückfällig werden? Weitermachen wie bisher? Liebet euren Nächsten so wie ihr mich liebt! Unser Bruder braucht Hilfe!"

Alles lauschte gespannt in die leichte Brise. Daaa der Hanf sprach ... "Erbarmt euch des Sünders! Lasst ihm die Federn! Nur wer selbst frei von Fehlern ist; der werfe das erste Ei!" Das war eindeutig Meister Dotter Dotter's Geist, der hier mit weisen Worten seinem labilen Schüler hilfreich unter die Flügel griff. Die gefiederte Gemeinde besann sich auf der Stelle und ein dreifaches Zicke Zacke, Hurra Hurra Hurra, Zicke Zacke ... machte auch die letzten Querulanten

Dr. Krankenschein

schnabeltot. Ein eindeutiger Sieg für Gnade und Gutherzigkeit.

Dr. Krankenschein war gerettet! Aber es war ein Pyrrhossieg! Maitre Bosscuse nahm den Begnadigten unter seine Fittiche, wurde sein Bewährungshelfer und zeigte ihm was ehrliche Arbeit war. Aus dem hoffnungsvollen Jungchirurgen von einst wurde alsbald ein recht brauchbarer Tellerwäscher. Auch wechselte er seinen Namen und nannte sich fortan Sahib Blitzblank.

Als Sahib Blitzblank fügte er sich demütig in sein Schicksal und machte seinem neuen Namen alle Ehre: Er spülte, schrubbte angebrannte Kupferkessel, schälte Spargel, putzte Runkelrüben, polierte Gläser, leckte Puddingbecher aus und wienerte hingebungsvoll die Kachellandschaft seines neuen Reiches ...

Und wurde wieder einmal unwissentlich eine "Ühnersüpp" bestellt, dann zeigte Sahib Blitzblank dem verwirrten Gast, wozu ein österreichischer Tellerwäscher fähig war....

Nach der Rauferei, die gewöhnlich mit einem kräftigen Tritt in den Bürzel endete, fragte Blitzblank scheinheilig: "Naaa, wie geht's uns denn? Der Mediziner war wieder in ihm erwacht: Er verarztete den Geschundenen, schiente Flügel, verpflasterte kleinere Wunden und kühlte blaue Augen ... Voila! Gelernt ist gelernt, schmunzelte Bosscuse. Der Maitre war ruhiger geworden. Die asiatische Küche war ein einziger ruhiger Fluss.

Aber zurück zu Guru Niewahrnarr's Seelenrettungsaktion! Von tausendfachen gefiederten Emotionen beflügelt sprang auch schon der nächste bekennende Sünder auf die Bühne ... Es war ein Leinwandheld! Ein richtiger Weltstar! Karl-Heinz Bürzeljäger, der gefiederte Kleiderschrank. Der Liebling aller Hennenherzen. Karl-Heinz war der Held unzähliger Mongolenfilme und begeisterter Sandalenträger. Er ließ sich rädern, vierteilen, trank schwedische Trünke, verführte reihenweise Prinzessinnen und beherrschte den perfekten Zungenkuss wie aus dem Eff Eff. Karl-Heinz Bürzeljäger legte alles flach, was nicht schnell genug auf die Bäume kam. Er war ein Draufgänger, ein Hans Dampf, ein echt spritziger Typ ! Das alles hatte den Bürzeljäger berühmt gemacht. Aber in der Tiefe seines verdorbenen Herzens schlummerte ein anderer Karl-Heinz. Niewahrnarr blickte dem Bekennenden lange und tief in die Augen, inhalierte noch einmal genüsslich und war sich seiner Sache sicher...

Was für ein dramatischer Augenblick: Der begehrteste Hühnerficker der Urzeit bereute öffentlich sein schändliches Tun. Mit hängenden Flügeln, schlaffem Bauch und gesenktem Haupt stand er vor der erwartungsvollen Menge ...

Zitternd kam es über seine Schnabellippen: "Ich schäme mich! Ich bereue! Ich will mich bessern! Ich möchte ein Hanfjünger wie Guru Niewahrnarr werden, ein warmherziger Bruder!" Weiter kam er nicht! Das Volk tobte, riss im kollektiven Rauschzustand die Flügel nach oben und alle Kiffköppe erteilten ihm die absolute Absolution.

Schwuppdiwupp schnappte sich Alibert die Flöte, blähte die Backen auf und blies munter drauf los: "Wir sind alle kleine Sünderlein, war immer so, war immer so ...

Die Zeit der Buße war vorbei, es durfte wieder getanzt werden! Und schon riss Frankie Huhnatra wieder das Ruder an sich und schmetterte:

> Zicke Zacke Hühnerkacke
> Ich alleine - Du alleine
> Tanzen soll'n die Vogelbeine
> Zicke Zacke Zicke Zacke
> Nicht ein Bürzel bleibt alleine
> Wirbeln soll'n die Vogelbeine

Das war im Sinne aller schrägen Vögel. Onkel Dittmeyer hatte seine Spendierhosen an und sein Vallerievallerum floß in Strömen. Guru Niewahrnarr packte seine letzten Vorräte aus und beglückte seine glückselig bedröhnten Jünger mit leicht verdaulichem Premiumhanf. Eine ganz besondere Privatmischung, die die celebralen Blutkörperchen durcheinanderwirbelte und keinerlei unangenehme Nebenwirkungen nach sich zog. Im Gegenteil: Es bildete sich Rhythmus im Blut! Es war der helle Wahnsinn schlechthin. Jubel, Trubel, Heiterkeit! La Lü La La in Reinkultur ...

Frankie Boy sang sich in Trance. Spontan fielen ihm seine alten Lieder ein, die kein Huhn der Welt brauchte. Aber jetzt grölten alle mit ... Frankie riss seine Torerojacke auf, wirbelte das Teil durch die Luft und feuerte die rote Joppe in die tosende Menge. Unzählige völlig enthemmte Vögel, dicht bis unter die Schädeldecke grölten: Hossa Hossa Zicke Zacke Hossa Hossa ....

Frankie grölte zurück: "Jetzt geht sie los die Polonaiseee von Bürzelneeese bis Hühnerhaidakaaaan ... ja das macht Stimmung ... ja da kommt Freude auf ... und weiter geeehts mit watscheligen Schritten ... und Eugen packt der Astrid von hinten an den Bürzel ... ist das nicht wunderbar?"

Eugen fiel vor Schreck fast die heißgeliebte Havanna aus dem Schnabel, dann aber fasste er sich ein Herz und griff mutig zu. Astrid drehte sich kurz um, ließ ein Sszzt Sszzt vernehmen, kniff Eugen ein Auge zu und flötete: "Na warte du alte Schwarte". Es war der Griff fürs Leben! Eugen Blau und Astrid Kinderlieb heirateten eine Woche später und führten eine tadellose Ehe zu dritt. Eugen mochte sich nämlich nicht von Bismarck trennen.

Guru Niewahrnarr wurde einstimmig zum Perfect Master ernannt und durfte den Ehrenpreis, den "Goldenen Lillerich" für den besten Beitrag mit dem tiefsten Sinn und die leuchtendste Botschaft überreichen. Astrid Kinderlieb gewann zur Freude aller das süße lila Elchkälbchen mit den goldenen Schäufelchen. Beim anschließenden

Karl-Heinz Bürzeljäger

Festbankett kam dem geläuterten Karl-Heinz die Idee seines Lebens...

Ein Kükenhilfswerk musste her! Das war es! Keine Filme mehr! Schluss mit lustig! Mit dem einleuchtendsten Argument der Welt entfachte er wie einst auf der Leinwand eine Welle der Sympathie ...

> Körner im Magen
> vertreibt Hunger
> bringt Wohlbehagen

Da wollten doch alle mitmachen! Karl-Heinz Brüzeljäger bekam den Beifall seines Lebens, den er gerührt entgegennahm. Niewahrnarr tätschelte ihm den riesigen Schnabel, lobte überschwänglich die sozialen Strömungen des Hanfes und sprach wie so oft weise Worte: " Karl-Heinz, du hast den Sinn deines Lebens gefunden! Von heute an bist du ein Erleuchteter! Was war, ist vergeben! Von nun an darfst du täglich picken". Hier ein Korn, da eine Körnchen und manchmal auch ganz viele. Dein Leben wird ein einziges Picken sein! Darum taufe ich dich im Namen des Großen Pooark und meines seligen Meisters Guru Dotter Dotter auf den Namen ... „Pick Man!"

Warmer herzlicher Beifall brandete auf. Alle Vogelwesen erhoben sich von ihren Sandbädern, standen auf den Krallenspitzen und reckten ihre Hälse ....

Sie klatschten, sie wollten ihren Pick Man sehen. Der frischgebackene Pick Man verbeugte sich bescheiden, bat demütig um Ruhe und verkündigte mit fester Stimme "Ich taufe mein neues Lebenswerk auf den Namen ... HUNICEF

HUNICEF war sofort erfolgreich! Die ersten Körnerspenden trafen ein. Diese Idee sollte reiche Früchte tragen. Pattaya war fortan die Schaltzentrale für hungrige Vogelkinder. Kein Kükenmagen sollte jemals wieder knurren.

Die Freunde blieben jetzt für immer zusammen. Nur Onkel Dittmeyer und seine alte Valensina stachen wieder in See. Karin und Alibert machten sich mit der HUNICEF Buchführung vertraut und wurden schnell zum rechten Flügel Pick Man's. Es wurde fröhlich aber hart gearbeitet, doch am Wochenende hatten alle frei!

Dann ging's ab in den neuen, von Onkel Dittmeyer erbauten Dröhndom am Strand von Pattaya. Hier fanden die mit Abstand heißesten Strandfeten der Urzeit statt. Und wenn sie nicht gestorben sind, hauen sie sich immer noch fleißig die Rübe zu, bauen Sandbäder, erzählen Geschichten, schlabbern Vallerievallerum vom Fass, geben Sprechungen, singen wüste Lieder, veranstalten torkelige Polonaisen, packen sich an die Bürzel, waschen Niewahrnarr's schwielige Hühnerfüße, üben sich im Ooohhhmmmen und tanzen Samba die ganze Nacht ....

P.S. Von dem Genuss von Drogen
jeglicher Art in der heutigen
Zeit ist dringendst abzuraten !!!

Meister Dotter Dotter und Guru Niewahrnarr

111